"Wandel funktioniert nur, wenn er von den Menschen mitgetragen wird."

Liebe Leserinnen, liebe Leser!

Es ist kurios, einerseits ist Deutschlands Osten – und somit auch die Lausitz und der Spreewald – die trockenste Region des Landes. Andererseits bestimmt Wasser den Südosten Brandenburgs. Die Spree hat hier ein fein geädertes Netz aus Fließen, Gräben und Kanälen in den Heidesand gegraben. Gebildet hat sich eine in Europa einzigartige Wasserwelt.

Spreewald – am schönsten vom Wasser aus

Idealerweise lässt sich der Spreewald vom Wasser aus erkunden, ganz typisch ist die Fahrt mit einem Holzkahn, der mit langen Stangen aus Eschen- oder Erlenholz fortbewegt wird. Wem das zu beschaulich ist, der kann sich natürlich auch für eine Paddeltour entscheiden. Das Wassernetz der Fließe umfasst immerhin stolze 1500 km, davon können knapp 300 km mit dem Paddelboot befahren werden. So sind kurze oder auch mehrtägige Touren leicht zu organisieren. Die schönsten Routen stellt unser Autor Oliver Gerhard auf S. 41 vor. Oder doch lieber auf dem Trocknen bleiben? Der Spreeradweg führt quer durch die in diesem Bildatlas beschriebene Region. Wo man am besten startet, wo die Tour endet, erfahren Sie in unserem Aktivtipp auf S. 75.

Aus Industrieanlagen wurden Erlebnisparks

So malerisch sich der Spreewald präsentiert, so verunstaltet sind die nur ein paar Kilometer entfernten Landschaften des Braunkohletagebaus. Allerdings hat sich hier viel im letzten Vierteljahrhundert getan: In alten Industrieanlagen entstanden Museen und Erlebnisparks, aus den Stätten des Braunkohletagebaus wurden attraktive Seenlandschaften mit riesigem Freizeitangebot. Und dann gibt es natürlich noch einzigartige Parklandschaften, hübsche Städtchen und das Zittauer Gebirge, ein kleines Wanderparadies. Aber sehen und lesen Sie selbst …

Herzlich

Birgit Borowski
Programmleiterin DuMont Bildatlas

Die Fotografen **Isabel und Steffen Synnatschke** aus Dresden empfanden die Lichtstimmungen im Oderbruch und die neu entstehende Seenlandschaft als besonders reizvoll.

Oliver Gerhard, Journalist aus Berlin, schreibt regelmäßig über Ziele in den Neuen Bundesländern. In der Lausitz begeistert ihn der Kontrast zwischen gewachsenen und neu geschaffenen Landschaften.

Impressionen

Spreewald

Westliche Niederlausitz

UNSERE FAVORITEN

BEST OF ...

Topziele

Die bedeutendsten Sehenswürdigkeiten und Erlebnisse, die keinesfalls versäumt werden sollten, haben wir auf dieser Seite zusammengestellt. Auf den Infoseiten sind sie jeweils als TOPZIEL *gekennzeichnet.*

NATUR

1 Wasserwelt der Spree: Das Biosphärenreservat Spreewald lässt sich im Kahn, im Paddelboot, auf dem Rad oder zu Fuß entdecken. **Seite 40**

2 Abseits ausgetretener Pfade: Kletterer finden im kleinsten Mittelgebirge Deutschlands, dem Zittauer Gebirge, bizarre Felsformationen und Wanderer herrliche Möglichkeiten. **Seite 94**

3 Schönstes Tal: Das Flüsschen Schlaube schlängelt sich über 20 km durch Schluchten, Wälder und Moore. Zahlreiche alte Mühlen laden zum Besuch ein. **Seite 73**

ERLEBEN

4 Schöne neue Wasserwelt: Der Senftenberger See und weitere neu entstandene Gewässer in einstigen Tagebauen laden zum Wassersport ein. **Seite 56**

5 Muskauer Waldeisenbahn: Eisenbahnromantik verspricht eine Fahrt auf historischer Strecke durch den Geopark Muskauer Faltenbogen. **Seite 93**

KULTUR

6 Typisches Spreewalddorf: Lehde mit seinem Freilandmuseum steht komplett unter Denkmalschutz. **Seite 40**

7 Eine eigene Epoche: Nach sozialistischen Grundsätzen errichtet, zeigt sich Eisenhüttenstadt als sorgfältig saniertes Flächendenkmal. **Seite 73**

8 Pücklers Nachlass: Als herausragende Beispiele der Gartenbaukunst ziehen die Parks in Branitz und Bad Muskau Besucher aus der ganzen Welt an. **Seite 75 und 93**

9 Programm für mehrere Tage: Die Görlitzer Altstadt ist das größte Flächendenkmal Deutschlands. **Seite 94**

10 Das sorbische Erbe: Das Volk der Sorben pflegt sowohl im Spreewald, als auch in der Oberlausitz Sprache, Traditionen und Trachten. **Seite 115**

Zukunftsmodell für die Nachwelt

Auf halbem Weg von Löbau zur tschechischen Grenze liegt Kottmarsdorf in der Oberlausitz. Die massige Bockwindmühle wurde 1843 erbaut und ist, nach 100 Jahren in Betrieb, noch immer funktionstüchtig. Windkraft war lange vor der Braunkohle wichtiger Energieträger – und ist es heute wieder. Tausende Windräder drehen sich bereits in der Region, vor allem im Brandenburgischen. Sie sind wichtiger Bestandteil der hochfliegenden Pläne, die Region mit erneuerbarer Energie zu versorgen.

Durch verwunschene Wasserwelten

Ein Paddelboot, eine Karte, ein Zelt – und das Reiseglück im Spreewald ist komplett. Dank Hunderter von Kanälen und Flussarmen wartet hinter jeder Ecke eine neue Überraschung: ein Weiler aus reetgedeckten Bauernhäuschen, eine Schänke mit deftigen Spezialitäten, eine Herde neugieriger Kühe ... Die Rad- und Wanderrouten der Region stehen den Wasserwegen in nichts nach: Sie folgen Oder, Neiße, Spree, führen in das Zittauer Gebirge und umrunden die Gewässer der Oberlausitzer Heide- und Teichlandschaft.

Wohnen auf den Wellen

Schwimmende Architektur bildet eine neue
Facette der Lausitz. Im Geierswalder See, der in
einem Restloch des Braunkohletagebaus geflutet
wird, liegen Wohnhäuser auf dem Wasser. Wo
vor Jahren noch gewaltige Bergbaumaschinen
Wunden ins Land fraßen, wächst heute Europas
größte künstlich angelegte Seenlandschaft mit
rund 30 Gewässern, die durch Kanäle verbunden
werden. Eine gelungene Form des Strukturwandels, der durch die Ideen der Internationalen
Bauausstellung Fürst-Pückler-Land befeuert
wurde – mit 30 Projekten von Landschafts-
kunst über Stadtumbau bis Industriekultur.

Natur als Heimat

Nicht nur das Labyrinth des Spreewalds prägt die Natur, sondern auch Heide, Wälder und Äcker. Die Landschaft der Lausitz steht großflächig unter Schutz und ist ein ideales Revier für den Schäfer mit seinen Tieren. Doch dieser muss heute wachsamer sein als früher: Seit einigen Jahren leben wieder Wölfe in der Region.

Mit gestalterischer Kraft

Schlösser, Klöster, Stadtensembles: Die Lausitz ist reich an historischer Architektur. Als berühmtester Entwerfer der Region gilt Hermann von Pückler-Muskau. Die Prinzipien, die der „grüne Fürst" bei der Gestaltung seines Muskauer Parks anwandte, strahlten auf die Gartenbaukunst in ganz Europa und bis nach Amerika aus. Seit 2004 zählt das Ensemble mit seinen Wiesen, Jahrhunderte alten Bäumen und weiten Sichtachsen zu den Welterbestätten der UNESCO. In seiner Mitte liegt das aufwändig rekonstruierte Neue Schloss.

Erstrahlen in neuem Glanz

Das Herz der Stadt Cottbus schlägt wieder:
Der Altmarkt mit seinen prachtvollen Bürgerhäusern wurde in den Jahren nach der Wende
saniert. Die Struktur der Straßen und Plätze
blieb in der zweitgrößten Stadt Brandenburgs
vom Mittelalter geprägt – trotz architektoni-
scher Sünden der DDR-Zeit. Glanzvoll zeigen
sich auch Bautzen und vor allem Görlitz.

Die ausgefallensten Wasseraktivitäten

Am, auf und unter Wasser

Kaum ein Besucher des Spreewalds verzichtet auf Kahnfahrt oder Paddeltour über die Fließe. Tiefere Einblicke gewinnt man in Begleitung eines Rangers der Naturwacht. Das benachbarte Lausitzer Seenland punktet gleich mit einer Vielfalt origineller Aktivitäten auf dem oder im Wasser – von Grillbooten bis Tauchgängen.

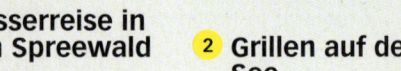

1 Wasserreise in den Spreewald

Ein Eisvogel hält von einem Baum Ausschau nach Beute. Ein Kranichpaar lässt seine heiseren Schreie erklingen. Das Klatschen einer Biberkelle durchbricht die Stille in dem abgelegenen Winkel des Spreewalds. Zehn Paddler gleiten über das Fließ, angeführt von einem Ranger der Naturwacht. An ausgewählten Terminen im Sommer erläutern diese auf eintägigen Touren das Ökosystem des Biosphärenreservats, die Nutzung durch den Menschen und die Gefahren des Klimawandels.

Naturwacht Spreewald, Tel. 03 56 03 /750146 (Burg) oder 035472/5230 (Schlepzig), www.naturwacht.de

2 Grillen auf dem See

Er sieht aus wie ein riesiger Schwimmreifen mit Sonnenschirm: Auf dem Geierswalder See ist der „BBQ-Donut" die Attraktion unter Grillfreunden. Das runde Motorboot für bis zu zehn Passagiere ist mit einem Kugelgrill ausgestattet, das Menü variiert nach Geschmack: von der „Gourmet-Tour" mit Premiumfleisch über die „Grünfinken-Tour" mit Gemüse bis zur „Geizkragentour" mit Würstchen und Toastbrot.

grill & chill Pier 1, Am Wassersportzentrum 2, Geierswalder See, 02979 Elsterheide, Tel. 03 57 1/415312, www.grillandchill.de

3 Schwimmen mit Pinguinen

An Eleganz kann man es mit ihnen nicht aufnehmen: Die Humboldt-Pinguine im Erlebnisbad Spreewelten in Lübbenau sind geschickte Schwimmer. Das fällt hier besonders auf, weil man sich direkt mit ihnen messen kann: Nur eine Glasscheibe trennt die Tiere von den Menschen im ganzjährig beheizten Außenbecken. Man kann (fast) hautnah bewundern, wie die Pinguine mühelos durchs Becken gleiten.

Spreewelten Lübbenau, Alte Huttung 13, 03222 Lübbenau, So.–Do. 9.00–22.00, Fr. /Sa. bis 23.00 Uhr, www.spreewelten-bad.de

4 Huckleberry Finn in der Lausitz

Der neue Koschener Kanal verbindet Senftenberger und Geierswalder See. Erfreulich für die Wasserfans, die sich im Stil Huckleberry Finns fortbewegen wollen: auf einem knapp sechs Meter langen Floß, mit rustikaler Kajüte, Kartuschenkocher und Petroleumlampe. Tagsüber kann man mit 5 PS führerscheinfrei die Seenlandschaft erkunden, nachts schläft man auf dem Floß in einer Marina – oder ankert in seiner persönlichen Lieblingsbucht.

Lausitzfloß, Wassersportzentrum Senftenberger See, 01968 Großkoschen/Senftenberg, Straße zur Südsee 2, www.lausitzfloss.de

5 Schwimmende Tauchschule

Zum Konzept der Internationalen Bauausstellung gehörten auch schwimmende Häuser. „Warum nicht auch eine schwimmende Tauchschule", dachte sich Gunther Walter. Heute kann man im Tauch- und Freizeitcenter Laasow direkt vom Steg auf einen Tauchgang gehen, neugierig beobachtet von Zuschauern in Liegestühlen am Ufer des Gräbendorfer Sees. Geboten werden auch Kurse zum Tauchschein oder Rettungstaucher.

Tauch- und Freizeitcenter Laasow, Am IBA Steg 1, 03226 Vetschau/Laasow, Tel. 03 54 36 /56860, www.waldi-tauchen.de

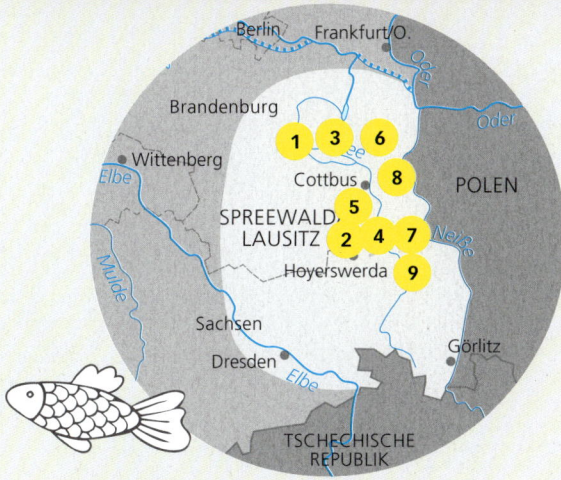

8

51° 29' 30" N
14° 06' 59" O

7

Berlin Frankfurt/O.

Brandenburg

Oder

Wittenberg

1 **3** **6**

Cottbus **8**

Elbe

SPREEWALD
LAUSITZ **5**

2 **4** **7**

POLEN

Neiße

Hoyerswerda **9**

Sachsen

Görlitz

Dresden Elbe

Mulde

TSCHECHISCHE
REPUBLIK

1

6 Mit der Gondel durch den Branitzer Park

Schon zu Fürst Pücklers Zeiten lustwandelte man per Gondel durch den Branitzer Park – historische Stiche beweisen es. Der passionierte Gartenarchitekt wollte seinen Gästen die zur Bildergalerie gestaltete Anlage vom Wasser aus zeigen. Fast zehn Kilometer lang ist das Netz der verschlungenen Kanäle. Gemächlich geht es heute vom Blumensee an der historischen Gärtnerei durch die künstliche Wasserlandschaft vorbei am Kugelberg ins „Reich der Pyramiden". Dazwischen leuchtet immer wieder das Schloss zwi-

schen den Bäumen hindurch. Näher als mit der Gondel kann man dem „Tumulus" nicht kommen, der eindrucksvollen Grabpyramide des Fürsten – sie wurde erst 2015 aufwändig restauriert und wieder mit Weinreben bepflanzt. Im Herbst soll das Laub zum „Pyramidenfeuer" rot erglühen. Auch das Gefährt wurde dem historischen Vorbild nachempfunden: als Umbau eines Spreewaldkahns, geschmückt mit Wappen und deutschen Nationalfarben.

Gondelfahrt ca. 60 Min., Buchung über Spreehafen Burg, Am Hafen 1, 03096 Burg/Spreewald, Tel. 03 56 03 /75800, www.pueckler-museum.de

7 Wohnen im Leuchtturm

An Nord- und Ostsee sind Leuchttürme faszinierende Landmarken und beliebte Fotomotive. Nun gibt es auch einen im Herzen der Lausitz: rot-weiß gestreift, mit umlaufender Galerie und einem Turmzimmer über drei Etagen: mit Erlebnisdusche und Doppelbett, von dem aus die Gäste den Blick über den Geierswalder See schweifen lassen können. Höhenängstliche mieten eines der ebenerdigen Zimmer im maritimen Stil oder eine Ferienwohnung. Speisen kann man im angeschlossenen Leuchtturm-Restaurant.

Der Leuchtturm, Windspitze 15, 02979 Elsterheide/ Geierswalde, Tel. 03 57 22 /95000, www. leuchtturm-lausitz.de

8 Kahnfahrt mit Kamin

Kahle Äste, klare Luft, klirrende Kälte: Der Winter im Spreewald kann wildromantisch sein. Wenn es nur nicht zu kalt zum Kahnfahren wäre. Doch jetzt gibt es auch Kähne mit echtem Kamin. Der rund einstündige Ausflug beginnt im Ortsteil Burg-Kauper. Eingemummelt in warme Decken, einen heißen Glühwein in der Hand, lehnen sich die Gäste zurück. In der Mitte des Kahns knistert ein Feuer. Rechts und links gleitet der erstarrte Wald vorbei und hin und wieder ein reetgedecktes Haus.

Buchung bei der Reisevermittlung der Spreewald-Info, Bahnhofstraße 15, 03096 Burg, Tel. 03 56 03 /759562, www.spreewald-info.de

9 Radeln auf der Seenland-Route

Rund 30 neue Seen entstehen in der Lausitz – 16 davon kann man auf der Seenland-Route umrunden, einem 186 Kilometer langen Radwanderweg, der vom ADFC mit drei Sternen zertifiziert wurde. Unterwegs sieht man bereits vollständig geflutete Gewässer – ideal für einen Badestopp – , aber auch Seen und Kanäle, die noch im Werden begriffen sind. Fast frei von Steigungen und überwiegend auf asphaltierten Radwegen angelegt, ist die mit einem blauen Quadrat markierte Strecke ideal für Genussradler.

Tourismusverband Lausitzer Seenland, Schlossergasse 1, 02977 Hoyerswerda, Tel. 03 57 1/456810, www.lausitzerseenland.de, www.seenland-route.de

Im Labyrinth der Fließe

Hunderte von Kanälen und Verästelungen der Spree, Moore, Äcker und Feuchtwiesen formen die Auenlandschaft des Spreewaldes. Traditionell wird das „Venedig Brandenburgs" auf einer gemütlichen Kahnfahrt entdeckt. An der Strecke liegen Dörfer wie Lehde mit seinem Freilandmuseum. Jahrhundertelang wurde die Region von sorbischer Kultur geprägt – die heute neue Wertschätzung erfährt.

Langsam gleiten die Kähne über die Fließe, so wie hier bei Lübben im Spreewald.

Der Storch gehört auch heute
noch dazu im Spreewald.

Der Spreewald ist ein Paddlerparadies.

Eine gute Karte ist schon vonnöten,
will man sich im Labyrinth der Fließe zurechtfinden.

Kaum werden die Fließe wenig befahren, breiten sich Seerosen aus.

„Der ganze Spreewald bildet ein einzig großes Sanatorium für nerven-überreizte Großstädter."

Spreewald-Werbung von 1929

Frühstück am Ufer eines Spree-armes: Seelenruhig rupfen drei Rehe dicke Grasbüschel aus der Böschung des schmalen Gewässers. Dass direkt neben ihnen ein hölzerner Kahn mit Zuschauern im Wasser düm-pelt, stört sie nicht. Es ist halb acht, der Mond steht noch am Himmel, während die ersten Sonnenstrahlen durchs Er-lenlaub flackern. Hagen Conrad ist früh auf dem Wasser, wie so oft: „Das ist die beste Zeit, um Tiere zu erleben", flüstert der Fährmann, während er gemächlich weiterstakt. Eine Bewegung zu viel: Mit weiten Sätzen preschen die Rehe über die Wiese davon. Nicht die letzte tie-rische Begegnung an diesem Morgen: Hagen Conrads Fahrgäste sichten mehr-mals Weißstörche, die in den sumpfigen Auen nach Fröschen suchen. Ein neugie-riger Eisvogel folgt dem Kahn von Ast zu Ast. Und hin und wieder huscht ein Eichhörnchen durch die Baumkronen, die ein grünes Dach über dem schmalen Wasserkanal geformt haben.

Rund 1500 Kilometer umfasst das Netz der „Fließe", wie die Kanäle und Wasserwege des Spreewalds genannt werden – egal, ob natürlich entstanden oder menschengemacht. 300 Kilometer sind im Kahn oder Paddelboot befahr-bar. Kein Wunder, dass sich hier schon mancher Unerfahrene „verpaddelt" hat.

Der Sage nach entstand dieses Laby-rinth durch eine Unachtsamkeit des Teu-fels: Beim Pflügen des Spreetals gingen ihm die Ochsen durch und schufen bei ihrer wilden Flucht die Fließe. Die Wis-senschaft erklärt die Entstehung mit dem Ende der Weichsel-Eiszeit vor rund 12 000 Jahren, als abfließende Schmel-zwasser im Baruther Urstromtal das Ge-biet des heutigen Oberspreewalds form-ten. Später flossen die Gewässer nach Norden ab und bildeten den Unterspree-wald. Die Spree verästelte sich in dem kaum merklich abfallenden Gelände in Hunderte von Wasserarmen mit großen Überflutungsflächen, auf denen später Moore entstanden – ideale Bedingungen für die dichten Erlenbruchwälder, durch die heute noch Kähne staken.

Reservat aus Menschenhand
„Achtung, Kopf einziehen", ruft Hagen und geht in die Knie, während der Kahn unter einer niedrigen Brücke durchglei-tet. Nach dem Urwaldabschnitt folgt Kulturlandschaft, ein Flickenteppich aus Wiesen, Feldern, Gärten und Gehöften. Ein Holzhaus lugt durch das Uferdi-ckicht, daneben weiden Pferde, Rauch steigt aus einem Kamin. Manche Baum-gruppe wirkt, als hätte Gartenbaumeis-ter Peter Joseph Lenné sie persönlich in die Natur komponiert. „Kaum zu glau-

Zu einem Spreewälder Ostermarkt gehören sorbische Tracht und bemalte Ostereier.

Im Lehder Freilichtmuseum lebt anlässlich des Kahnkorsos auch die Kaiserzeit auf.

Zu den sorbischen Festen reist man stilgerecht im Kahn an.

ben, aber wir sind hier mitten im Dorf", sagt Hagen. Die Gemeinde Burg ist eine der größten Streusiedlungen Deutschlands – im 14. Jahrhundert erstmals erwähnt, expandierte sie erst 400 Jahre später, denn die Menschen nahmen den unzugänglichen Spreewald einst nur zögerlich in Besitz.

Nicht nur die Slawen siedelten zunächst vorwiegend an den Rändern, sondern auch die deutsche Bevölkerung, die ab dem 11. Jahrhundert in die Region kam. Nach und nach besetzten sie die Erhöhungen, die sich im einstigen Urstromtal gebildet hatten – kleine Sandinseln, sogenannte Kaupen. Der Wald wurde seitdem großflächig gerodet, Entwässerungskanäle entstanden, im 19. Jahrhundert auch ein ausge-

Flurbereinigungen bedrohten in den 1980er-Jahren die amphibische Auenlandschaft. In einer seiner letzten Sitzungen beschloss der DDR-Ministerrat die Ausweisung eines rettenden Biosphärenreservats.

klügeltes System aus Wehren und Stauanlagen – Grundstein für die bunte Auenlandschaft, die den Spreewald zu einem der beliebtesten Reiseziele in Brandenburg werden ließ. Seit 1991 ist die Region mit ihren vielen seltenen Tier- und Pflanzenarten, ihren 37 Dörfern und zwei Städten als Biosphärenreservat der Unesco eingestuft. Allein 600 Pflanzen stehen in dem 47 500 Hektar großen Gebiet auf der Roten Liste der vom Aussterben bedrohten oder gefährdeten Arten, darunter Orchideen und fleischfressende Pflanzen.

Mit Musik zieht die Trachtengruppe
im Freilichtmuseum Lehde ein.

„Lebende Bilder" gehören ebenso zum Lübbenauer Kahnkorso wie die Karnevalsgesellschaft. Die Post kommt hier dagegen jeden Tag per Boot zu abgelegenen Höfen.

Zu einer Stärkung legen die Kahn-Ausflügler gern im Lehder Gasthaus „Kaupen 6" an.

„Man kann nichts Lieblicheres sehen als dieses Inseldorf, das aus ebenso vielen Eilanden besteht, als es Häuser hat. Die Spree bildet die große Dorfstraße, allerhand Arme und Kanäle die Gassen."

Theodor Fontane über Lehde in „Wanderungen durch die Mark Brandenburg"

Ein Kahn für alle Zwecke

Hagen Conrad ist in Burg aufgewachsen, jeden Sommer verbrachte er am Wasser – nicht nur zum Baden: Die Jungs öffneten den vorbeifahrenden Kähnen die Schleusentore, sagten ein freches Sprüchlein auf und verdienten sich damit einen „Schleusengroschen": „Ich bin ein kleiner Zwerg, ich komm nicht übern Berg, drum gebt mir mal 'ne Mark, dann bin ich wieder stark." Wenn die Gäste Conrad nach seinem Berufsleben fragen, erwarten sie eine Geschichte nach dem Motto „Kahnfahrer in fünfter Generation – vom Opa gelernt". Dann muss der Spreewälder erklären, dass er eigentlich Agraringenieur ist und seine Berufung zum Kahnfahrer erst vor einigen Jahren entdeckte. Dafür ist er jetzt mit Leib und Seele dabei: „In welchem anderen Beruf verlangt die Kundschaft ausdrücklich, dass man langsam arbeitet?", fragt er. Mit durchschnittlich drei Stundenkilometern geht es übers Wasser.

Ursprünglich wurden die Kähne aus ausgehöhlten Baumstämmen gebaut. Seit dem 19. Jahrhundert bestehen sie aus Holzbrettern, heute zunehmend aus Aluminium: „Alu wird sich durchsetzen, aber das scheppert und klappert", sagt Hagen Conrad. „Der Holzkahn ist und bleibt das leiseste Verkehrsmittel, das es gibt – das stille Gleiten fühlt sich fast an

wie Schweben." Die Spreewälder hätten einst ohne den Kahn nicht überleben können in einer Landschaft, die keinen Straßenbau erlaubte: Sie nutzten ihn zum Transport von Heu, Ernte, Brennholz, Baumaterial und sogar von Vieh. Doch damit war ab den 1960er-Jahren weitgehend Schluss, als neue Straßen entstanden und bessere Technik verfügbar war: Auf einen Kahn passt nur ein kleiner Heuhaufen, ein Traktorhänger befördert 30 Ballen. Heute werden nur noch abgelegene Gehöfte mit dem Kahn versorgt – und sogar die Post wird teilweise noch auf dem Wasserweg zugestellt.

Im Zeichen der Schlangen

Auch Lehde, heute komplett unter Denkmalschutz, war bis 1929 nur mit dem Kahn erreichbar. Die traditionelle Spreewaldsiedlung mit blühenden Gärten, moosigen Reetdächern und kleinen Holzbrückchen blieb beinahe so erhalten, wie es Theodor Fontane 1859 auf seinen „Wanderungen durch die Mark Brandenburg" erlebte: „Es ist die Lagunenstadt im Taschenformat, ein Venedig, wie es vor 1500 Jahren gewesen sein mag, als die ersten Fischerfamilien auf seinen Sumpfeilanden Schutz suchten."

Frühmorgens lässt sich auch heute noch beschauliches Dorfleben kennen-

Das Freilichtmuseum von Lehde gibt Einblicke in längst vergangene Spreewälder Zeiten.

In der Lehder Kahnwerkstatt von Karl Koal
entstehen Spreewaldkähne nach altem Muster.

Auch der Anbau von Gemüse hat im Spreewalddorf Lehde Tradition.

lernen, zum Beispiel, wenn sich der Feuerwehrchor versammelt, um einem Jubilar aufzuspielen. Einer der rund 130 Einwohner ist 90 geworden – da wird zu einem Trommelwirbel geschmettert, was das Zeug hält. Bis die großen Touristenkähne kommen, ist das Ereignis allerdings längst wieder vorbei.

Fischen, Viehwirtschaft und Leineweberei ernährten die Lehder über Jahrhunderte. Gemüse – darunter traditionell Meerrettich und natürlich die berühmten Spreewälder Gurken von ihren kleinen Feldern – kamen dazu. Eine Lebensweise, die im Freilandmuseum des Ortes dokumentiert wird. Es zeigt die früher üblichen klobigen kleinen Holz-

häuser, zum Schutz vor Hochwasser auf einem Sockel aus Feldsteinen. Im Winter ernteten die Spreewälder das Reet zum Decken der Dächer – es wurde von den dann zugefrorenen Fließen geschnitten. „Familien mit acht bis zehn Kindern lebten durchschnittlich auf jedem Hof", erklärt die junge Museumsführerin und zeigt ein praktisches Drei-Generationen-Bett: oben der Altbauer mit Frau, daneben der Jungbauer mit Frau, dazwischen teilweise noch Kleinkinder – und in den ausziehbaren Bettkästen darunter die größeren Kinder. Geschlafen wurde im Sitzen – das Liegen assoziierte man mit dem Totenbett. Auf dem Hausdach wachten zwei gekreuzte Schlangen

Auch im Winter pulsiert das Leben auf den Lehder Fließen.

Sind die Fließe erst einmal zugefroren,
kommen die alten Schlitten zu neuen Ehren.

Bei winterlichem Sonnenwetter zieht es alle Spreewälder aufs Eis.

Alte Schlittschuhtechnik wird noch gern genutzt.

Leinöl

Die Kraft der Natur

Special

„Was macht den Lausitzer stark? – Pellkartoffeln, Leinöl und Quark!" Die Leibspeise der Spreewälder war schon vor Jahrhunderten für ihre gesunde Wirkung bekannt.

Die Ursachen für den gesundheitlichen Wert steuerte die Wissenschaft jedoch erst später bei: Leinöl, das aus der auch Flachs genannten Leinpflanze gewonnen wird, ist besonders reich an wertvollen Omega-3-Fettsäuren, deren Anteil hier über 50 Prozent liegt – ein Vielfaches im Vergleich zu anderen Ölen. Ernährungsexperten preisen die positive Wirkung des Leinöls für das Immunsystem, Magen, Darm, Leber, Galle, Haut, Herz, Kreislauf, gegen Depressionen, Hyperaktivität, Entzündungsprozesse und als Bestandteil der Öl-Eiweiß-Kost zur unterstützenden Behandlung von Krebs und auch in der Krebsvorbeugung.

Dass sich Leinöl bis heute kaum durchgesetzt hat, liegt an seiner geringen Haltbarkeit – es hat frisch ein arteigenes, leicht nussiges und heuartiges Aroma, schmeckt nach längerer, auch kühler Lagerung – länger als zwei Monate – allerdings schnell bitter und kratzig. „Frische ist daher besonders wichtig", sagt Gerd Ballaschk, der in Burg eine kleine Ölmühle betreibt. Goldgelb tropft das Pflanzenfett aus der Schneckenpresse. Durch das langsame Tempo bleibt die Temperatur bei rund 33 Grad – die Kaltpressung ist eine wichtige Voraussetzung für den Erhalt der Inhaltsstoffe.

Ballaschk gehörte zu den Ersten, die nach der Wende wieder Leinöl produzierten – zu DDR-Zeiten konzentrierte man die Herstellung auf einen volkseigenen Betrieb, private Mühlen verschwanden. Die richtige Rezeptur zu finden war daher für den Ölmüller nicht so einfach: „Ich habe viel experimentiert. Die älteren Leute im Ort mussten immer wieder kosten, bis das Öl ‚wie früher' schmeckte."

aus Holz über das Heim – heidnisches Glückssymbol und heute Logo der Spreewaldregion.

Heimat der Sorben

Nachfahren slawischer Einwanderer, die Sorben beziehungsweise Wenden, bildeten einst die Keimzelle des Ortes – wie der meisten Gemeinden im Spreewald. Ab dem 6. Jahrhundert waren im Zuge der Völkerwanderung slawische Stämme aus Osteuropa in die damals nahezu menschenleere Region zwischen Erzgebirge, Neiße und Saale geströmt, darunter die Milzener, die sich in der Oberlausitz niederließen, und die Lusizer, die in der Niederlausitz lebten – und die der Gesamtregion ihren Namen gaben. Mit ringförmigen Trutzburgen aus Holz, Sand und Lehm versuchten sie, der Übermacht germanischer Eroberer standzuhalten. Vergeblich: Ab dem 9. Jahrhundert verloren die Sorben zunehmend ihre Unabhängigkeit. Bis in die Neuzeit wurden ihre Sprache und ihre Kultur immer wieder unterdrückt, zuletzt von den Nationalsozialisten, die sorbische Politiker, Geistliche und Intellektuelle verfolgten und die Verwendung der sorbischen Sprache untersagten. Auch zu DDR-Zeiten hatten es die Sorben nicht immer einfach, wenngleich sie offiziell gut gelitten und als Minderheit

Zu Beginn des 20. Jahrhunderts war das Automobil des damaligen Schlossbesitzers das erste im Spreewald. Heute ist Schloss Hubertushöhe in Storkow Mittelpunkt eines Kunst- und Literaturparks. Der 27 Meter hohe Bismarckturm ermöglicht einen Weitblick über die Region rund um Burg. Eine ganze Reihe slawischer Burganlagen soll es einst am Rand des Spreewalds gegeben haben, eine der trutzigen Lehmbauten wurde bei Raddusch nahe Vetschau rekonstruiert, wo im 16. Jahrhundert ein Renaissanceschloss entstand.

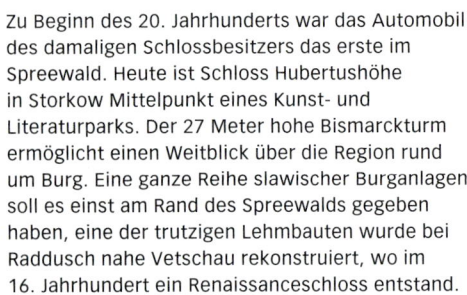

anerkannt waren. Allerdings unterminierten Kollektivierungsbestrebungen die überkommenen landwirtschaftlichen Wirtschaftsformen. Traditionen, Trachten und Sprache des Volkes überlebten trotz des Drucks – und erfahren seit einigen Jahren eine neue Aufwertung.

„Nach der Wende setzte ein Umdenken ein", sagt Ethnografin Ute Henschel, die sich intensiv mit der sorbischen Kultur beschäftigt. „Viele begannen, über ihre Familien- und Dorfgeschichte zu recherchieren, gründeten Vereine zur Traditionspflege, kramten in alten Truhen nach vererbten Trachten." Die Bedeutung der traditionellen Bekleidung in ihren vielfältigen Ausprägungen nimmt wieder zu – es gibt Trachten für Ledige und Verheiratete, für den Kirchgang und die Trauer, für Festtage und die Arbeit. Ankleidefrauen achteten früher auf die Einhaltung der strengen Bekleidungsregeln. „Heute müssen wir aufpassen, dass unsere Kultur nicht zur reinen Folklore verkommt", sagt Henschel, „Festtagstracht am Gurkenstand – das geht gar nicht."

Ein wichtiges Ziel ist es, die sorbische Sprache wieder in den Alltag zu integrieren – nur noch rund fünf Prozent der Spreewälder Sorben beherrschen sie. Der Unterricht beginnt deshalb schon im Kindergarten. Doch müssen kundige Erzieher dafür meist erst ausgebildet werden: „Es fehlen zwei Generationen", sagt Henschel. „Viele Großeltern sprechen noch Sorbisch, die Eltern und Kinder nicht mehr." Die Ethnografin, die selbst das sorbische Gymnasium absolvierte, erlernte die Sprache zunächst nur bruchstückhaft von ihrer Mutter. Wenn alles gut geht, wächst die nächste Generation wieder zweisprachig auf – und bleibt dem Spreewald damit verbunden.

FERIENPARK IM AUFWIND

Tropen in märkischer Heide

In einer ehemaligen Werft für Luftschiffe hat der Freizeitpark Tropical Islands seinen Sitz, eine 66 000 Quadratmeter große Wasserwelt mit tropischem Regenwald. Zunächst als Subventionengrab geschmäht, befindet sich die Anlage inzwischen auf Wachstumskurs.

Türkisblaues Wasser, weißer Sandstrand, blauer Himmel – das Tropenklischee ist perfekt. Kinder toben durch die Wellen, während die Eltern in den Liegen fläzen. Ein Schild weist in Richtung „Lagune", ein anderes in die „Südsee". Dazwischen erstreckt sich tropischer Regenwald. Mehr als eine Million Besucher strömen nach Angaben des Betreibers jedes Jahr in den Freizeitpark Tropical Islands, um inmitten märkischer Kiefernwälder in eine Tropenillusion einzutauchen. 66 000 Quadratmeter, soviel wie neun Fußballfelder, beträgt die Fläche dieses konstant auf 26 Grad beheizten Paradieses aus Menschenhand.

Seit 2004 sind die Tore von Tropical Islands geöffnet, zu der weltweit wohl größten freitragenden Halle. Ursprünglich sollten hier Luftschiffe hergestellt werden, doch das Unternehmen ging insolvent. 2003 übernahmen Investoren aus Asien das Gelände und bauten es zum Ferienpark um – unterstützt durch öffentliche Fördermittel. Heute protzt Tropical Islands mit Superlativen: die angeblich höchste Wasserrutsche Deutschlands, die angeblich größte tropische Saunalandschaft Europas, der angeblich größte Indoor-Regenwald der Welt.

Auch die Pläne der Betreiber klangen anfangs gigantisch: Nichts Gerin-geres als das führende europäische Ferienresort sollte im Spreewald entstehen. Doch statt der erwarteten 2,5 Millionen Besucher kamen zunächst nur weitaus weniger als eine Million. Über die Ursachen wurde viel spekuliert: die einsame Lage des Ferienparks, die geringe Kaufkraft in der Region, die Konkurrenz anderer „Spaßbäder", fehlende Unterkünfte. In den letzten Jahren wurde daher umgesteuert: Ein großer Campingplatz entstand, Ferienhäuser sowie Lodges innerhalb der Halle. Gäste mit kleinerem Budget übernachten in Indoor-Zeltcamps – mehr als 1500 Betten gibt es inzwischen.

Gleichzeitig wurden vermehrt ausländische Besucher angelockt, zum Beispiel aus Osteuropa und Skandinavien. Einige Mitarbeiter erhalten Sprachunterricht: „Manchmal müssen wir zwischen den Nationen vermitteln," sagt eine Betreuerin. „Polen sind oft prüder als die Deutschen. Das hat schon zu Aufregung im Saunabereich geführt." Das neue Konzept scheint jedoch aufzugehen: Jeder fünfte Gast kommt inzwischen aus dem Ausland. Die Besucherzahlen steigen stetig. Die Betreiber wollen indessen weitere Millionen investieren – geplant ist ein Außenbereich mit Pools, Wildwasserkanal, Sport- und Liegeflächen – direkt unter der brandenburgischen Sonne.

Rosaflamingos in den Tropical Islands. Naturschützer bemängeln die Umweltbilanz des Freizeitparks: Der Energieverbrauch sei immens hoch.

Badespaß das ganze Jahr und rund um die Uhr

Informationen

Tropical Islands ist das ganze Jahr rund um die Uhr geöffnet (tropische Sauna-Landschaft tgl. 9.00–24.00 Uhr) und liegt östl. der Autobahn 13 (Berlin–Dresden) beim kleinen Ort Brand, ca. 35 km südl. von Berlin-Schönefeld (Autobahnabfahrt Staakow). Zwei Regionalbahnlinien verbinden Brand mit Berlin und Cottbus. Vom Bahnhof Brand verkehrt ein kostenloser Busshuttle. Informationen und Preise unter Tel. 03 54 77 60 50 50 oder auf www.tropical-islands.de.

Im Land der Spree

Den Spreewald durchzieht ein weites Netz von Wasserwegen, die noch immer von hölzernen Kähnen befahren werden. Lübben, Lübbenau und Burg bilden die wichtigsten Zentren für Touren durch das Unesco-Biosphärenreservat. Restaurierte historische Bauten prägen das nahe Luckau.

❶ Storkow

Storkow (8900 Einw.) wird auch als Storchenstadt bezeichnet. Seine Burg zählt zu den schönsten der Mark Brandenburg.

SEHENSWERT

Burg Storkow (Urspr. 1209) ist Besucherzentrum mit der Erlebnisausstellung „Mensch und Natur – eine Zeitreise" und der Freilichtbühne im Burghof (Schlossstraße 6; April–tgl. 10.00–17.00, sonst bis 16.00 Uhr). 36 m hoch ragt der Turm der **Stadtkirche** auf. Über den Storkower Kanal führt eine rekonstruierte **Klappbrücke**. Am Ortsrand liegt der **Freizeitpark Irrlandia**, u. a. mit einem großen Maislabyrinth (Lebbiner Straße 1, www.irrlandia.de; Mai–Anf. Okt. tgl. 10.00–18.00 Uhr).

UMGEBUNG

Im **Naturpark Dahme-Heideseen** liegen mehr als 100 Seen. Das 700-jährige märkische Runddorf **Prieros** (www.prierosonline.de) bietet einen Botanischen und einen Biogarten sowie ein Naturschutzzentrum. Im Naturschutzgebiet Groß Schauener Seenkette haben bedrohte Tiere und Pflanzen ein Rückzugsgebiet. In der Manufaktur der Gläsernen Molkerei von **Münchehofe** erfährt man alles über die Herstellung von Butter und Käse (Molkereistraße 1, Tel. 03 37 60/2 07 70, www.glaeserne-molke rei.de; Führung nach Anm. Mo.–Sa. 10.00, Di. und Mi. 10.00 und 13.00, Sa. 12.00 Uhr).

INFORMATION

Tourist-Information, Burg Storkow, Schlossstraße 6, 15859 Storkow (Mark), Tel. 03 36 78 7 31 08, www.storkow.de

❷ Lübben

Die Kreisstadt (14 000 Einw.) wird von Schloss, Schlossinsel und Paul-Gerhardt-Kirche geprägt und ist Ausgangspunkt ausgedehnter Kahnfahrten und Spaziergänge. Der ev.-luth. Theologe und Kirchenlieddichter Paul Gerhardt (1607–1676) war hier als Pfarrer tätig.

SEHENSWERT

Am südl. Altstadtrand steht seit der Spätrenaissance das dreigeschossige **Schloss Lübben** (1638); auch das älteste Gebäude der

Im Naturpark Dahme-Heideseen (oben). Schloss Lübben (o.re.). Heute weithin bekannt: sorbische Ostereier (u.re.).

Stadt, der **Schlossturm** (14. Jh.), gehört zu seinem Ensemble. Städtisches Wahrzeichen ist die spätgotische **Paul-Gerhardt-Kirche** (17. Jh.) am Marktplatz mit dem Paul-Gerhardt-Denkmal; ein archäologisches Denkmal ist der slawische **Burgwall Burglehn** (11./12. Jh.).

MUSEEN

Das **Stadt- und Regionalmuseum** im Schloss präsentiert u. a. Stadtgeschichte (Ernst-von-Houwald-Damm 14, www.museum-luebben.de; April–Okt. Mi.–So. 10.00–17.00, sonst Mi.–Fr. 10.00 –16.00, Sa. und So. 13.00 –17.00 Uhr).

HOTELS UND RESTAURANTS

Das € € **Hotel Spreeblick** besitzt finnische Sauna und Solarium. Das Restaurant bringt Fisch-, Fleisch- und vegetarische Gerichte auf den Tisch (Gubener Straße 53, 15907 Lübben, Tel. 03 54 6 23 20, www.hotel-spreeblick.de).

VERANSTALTUNGEN

Lübbener Kahnnächte, nächtliche Erlebnisfahrten (Juli, Aug.), **Kunstkahnfahrten** Fr. 16.30 Uhr (Frühjahr–Sept.), Kunstfestival **Aquamediale** (Juni–Sept.), **Spreewaldfest** (3. Sept.-Wochenende).

UMGEBUNG

Schlepzig (nördl.; www.schlepzig.de) gilt als Zentrum des Unterspreewaldes und ist ein guter Ausgangspunkt für Kahnfahrten. Ein Besuch des Bauernmuseums kommt einer Zeitreise ins frühe 19. Jh. gleich (Dorfstraße 26, www.bauernmuseum-schlepzig.de; März Di. bis Fr. 10.00–12.00, Ostern–Okt. Mi.–So. 10.00 bis 16.00 Uhr, Nov.–Feb. geschl.).

INFORMATION

Spreewaldinformation Lübben, Ernst-von-Houwald-Damm 15, 15907 Lübben, Tel. 03 54 6 22 50 11, www.luebben.de

❸ Luckau

Luckaus (9500 Einw.) Stadtkern, 2002 von der Stiftung Denkmalschutz ausgezeichnet, prägen zahlreiche historische Sehenswürdigkeiten. Ein Großteil der zur Landesgartenschau 2000 angelegten Parkanlagen blieb zugänglich.

SEHENSWERT

Die fast vollständig erhaltene **Stadtmauer** (13./14. Jh.) – der 30 m hohe **Rote Turm** ist Teil dieser Befestigung – und der Stadtgraben umgeben die historische Altstadt. Die gotische **Kirche St. Nikolai** (1291 genannt; Mai–Okt. Sa., So. und Fei. 13.00–16.00 Uhr) gilt als bedeutende mittelalterliche Kirche. Der **Markt** ist gesäumt von stuckverzierten Barockhäusern (17. Jh.). Der 47 m hohe **Hausmannturm** (17. Jh.), einst Wohnung des Nachtwächters, schließt an die spätromanische **Georgenkapelle** (um 1200) an, seit dem 16. Jh. als Profanbau genutzt. Das Erscheinungsbild des 1675 wieder errichteten **Rathauses** (urspr. 13. Jh.) prägen Umbauten aus dem 19./20. Jh.

MUSEEN

Das **Niederlausitz-Museum** in der Kulturkirche dokumentiert in moderner Gestaltung u. a. Ortsgeschichte (Nonnengasse 1, www. niederlausitzmuseum-luckau.de; Di.–Fr. 10.00 bis 17.00, Sa. und So. 13.00–17.00 Uhr).

INFORMATION

Tourismusverband Niederlausitzer Land, Nonnengasse 1, 15926 Luckau, Tel. 03 54 4 30 50, www.niederlausitz.com

④ Lübbenau

Schon Fontane hatte die „Stadt der Kahnfahrten und der Gurken" (16 200 Einw.) als „heimliche Hauptstadt des Spreewaldes" bezeichnet. 2015 feierte sie 700 Jahre Bestehen.

SEHENSWERT

Den **Marktplatz** in der historischen Altstadt schmücken klassizistische Bürgerhäuser (18./ 19. Jh.). Die **Stadtkirche St. Nikolai** (18. Jh.) ist im Dresdner Barock erbaut. Bis 1815 gehörte Lübbenau zu Sachsen. Der Hafen ist der größte im Spreewald.

MUSEEN

Im **Informationszentrum Haus für Mensch und Natur Lübbenau** sind Flora und Fauna des Biosphärenreservats kennenzulernen (Schulstraße 9; April–Okt. Di.–So. 10.00 bis 17.00 Uhr). Das Torhaus (19. Jh.) beherbergt das **Spreewald-Museum** mit regionalgeschichtlichen Ausstellungen (www.museum. kreis-osl.de; April–Okt. Di.–So. 10.00–18.00, sonst 12.00–16.00 Uhr).
Vier Bauernhöfe, Kahnbauerei, Gurkenbude und Kräutergarten bilden das **Freilandmuseum Lehde** TOPZIEL (www.museum.kreis-osl.de; April–Sept. tgl. 10.00–18.00, Okt. 10.00 bis 17.00 Uhr). In einem der ältesten Gebäude Lehdes informiert das **Gurkenmuseum** über Gurkenanbau und -verarbeitung (An der Dolzke 4/6, www.spreewald-starick.de; April–Okt. 9.00–18.00 Uhr).

AKTIVITÄTEN

Neben traditionellen werden auch ungewöhnliche **Kahnfahrten** TOPZIEL geboten: Nostalgiefahrten (www.spreewaelder-kahntouren.de),

Schloss Fürstlich Drehna umgibt einen herrlichen Landschaftspark. Spreewald Therme in Burg.

ökologische (www.kahnfahrten-luebbenau.de), Angeltouren (www.fredis-angeltouren.de) sowie Kahnfahrseminare (www.spreewald-haus-kalmus.com). Im **Badeparadies Spreewelten** kann man – durch eine Glasscheibe getrennt – mit Pinguinen um die Wette schwimmen (www.spreeweltenbad.de; So.–Do. 9.00–22.00, Fr. und Sa. 9.00–23.00 Uhr, s.S. 20).

HOTELS

Behutsam renoviert wurde € € € € / € € €
Schloss Lübbenau zu einem Hotel mit Ferienwohnungen im Marstall (Schlossbezirk 6, 03222 Lübbenau, Tel. 03 54 2 87 30, www. schloss-luebbenau.de). Bunt, verrückt, originell: Die Zimmer der € € **Pension Spreewelten** wurden von Künstlern gestaltet (Bahnhofstraße 3d, 03222 Lübbenau, Tel. 03 54 2 88 99 77, www.pension.spreewelten.de).

INFORMATION

Spreewald Touristinformation, Ehm-Welk-Straße 15, 03222 Lübbenau, Tel. 03 54 2 88 70 40, www.luebbenau-spreewald.com

⑤ Vetschau

Vetschau (8200 Einw.) im Oberspreewald verfügt über schöne historische Bausubstanz.

SEHENSWERT

Das Renaissance-**Schloss Vetschau** (16. Jh.) mit neobarocker Freitreppe, Rittersaal, Schlosspark und Kavaliershaus beherbergt die Stadtverwaltung. Am Marktplatz sind Barock- und Jugendstilhäuser zu finden. Die **Wendisch-Deutsche Doppelkirche** (17. Jh.) ist einzige in Europa. Das **Weißstorch-Informationszentrum** ist hiesigen Weißstörchen gewidmet (Drebkauer Straße 2a; www. storchennest.de, April–Sept. Di.–So. 10.00 bis 16.00, Okt.–März Mo.–Fr. 10.00–16.00 Uhr).

UMGEBUNG

Calau gilt als Entstehungsort des Wortwitzes Kalauer („Kalauer sind die Buchstaben A bis J." – „Wieso?" – „Weil die alle auf das K lauern!"). Zwischen Vetschau und Luckau erstreckt sich der **Naturpark Niederlausitzer Landrücken** in einer Bergbaufolgelandschaft. Hier kann man Exkursionen in Sanierungsgebiete unternehmen, wandern, reiten oder Rad fahren.

Inmitten der Region liegt **Fürstlich Drehna**, dessen Schloss (14.–16. Jh., heute Gasthof, www.fuerstlichdrehna.de) und Landschaftspark als Filmkulisse dienten. Das Töpferdorf **Crinitz** (www.crinitz.de) kann auf eine lange Tradition dieses Handwerks zurückblicken. Rund 50 slawische Burganlagen soll es am Rand des Spreewalds gegeben haben, einer der trutzigen Lehmbauten wurde in **Raddusch** rekonstruiert. In ihm werden archäologische Funde von Steinzeit bis Mittelalter ausgestellt, durch Braunkohleförderung ans Tageslicht gekommen (Zur Slawenburg 1, www.slawen-burg-raddusch.de; April–Okt. tgl. 10.00 bis 18.00, sonst tgl. 10.00–16.00 Uhr).

INFORMATION

Touristinformation, Schlossstraße 10, 03226 Vetschau/Spreewald, Tel. 03 54 33 777 55, www.vetschau.de/tourismus

⑥ Burg

Streuobstwiesen und Niederungswälder an den Spreearmen bestimmen Burg (4300 Einw.) und seine Umgebung.

SEHENSWERT

Figuren aus der sorbischen Sagenwelt bevölkern den **Kur- und Sagenpark.** Über 600 Pflanzenarten findet man im **Arznei- und Gewürzpflanzengarten Burg** (Byleguhrer Straße 17). Das **Informationszentrum Schlossberghof** ist der Geschichte der Streusiedlung gewidmet (Byleguhrer Straße 17; Mai–Sept. Di.–So. 10.00–17.00 Uhr).

AKTIVITÄTEN

Individuelle **Kahnfahrten** zu jeder Jahreszeit und winterliche **Schlittentouren** auf dem Eis bietet u. a. Hagen Conrad (Tel. 03 56 03/6 18 39, www.hagens-insel.de). Entspannung findet man in der **Spreewald Therme** (www.spree wald-therme.de; Sa.–Do. 9.00–22.00, Fr. 9.00 bis 24.00 Uhr). Der 27 m hohe **Bismarckturm** ermöglicht einen ausgedehnten Weitblick über die Region. Einen guten Orientierungssinn erfordert der 2250 m² große **Irrgarten** (Willischzaweg 43; tgl. 8.00–18.00 Uhr).

HOTELS UND RESTAURANTS
Das € € **Hotel Kolonieschänke** ist ein stilvolles Haus mit u. a. Backhaus, Garten und Bio-Restaurant (Ringchaussee 136, 03096 Burg, Tel. 03 56 03 /68 50, www. kolonieschaenke.de). Unterkunft in einem ehem. Bahnhof bietet die € **Pension Spreewaldbahnhof;** ihre Gaststube serviert Deftiges per Modelleisenbahn (Am Bahnhof 1, 03096 Burg, Tel. 03 56 03 842, www. spreewaldbahnhofburg.de).

VERANSTALTUNGEN
Zu den **sorbischen Bräuchen** gehören die Fastnacht (Ende Jan.–Anf. März) und das Maibaumaufstellen (30. April). Letztes Aug.-Wochenende **Heimat- und Trachtenfest.**

INFORMATION
Touristinformation, Am Hafen 6, 03096 Burg (Spreewald), Tel. 03 56 03 75 01 60, www.burgimspreewald.de

Tipp

Traditionsreiche Bleiche

Der „Alte Fritz" legte 1750 den Grundstein: In Burg ließ er die Uniformen seiner Armee bleichen. Angeschlossen war eine Poststation mit Fremdenzimmern – seit 1992 edles Domizil des Wellness-Hotels „Zur Bleiche". Spreewaldbezüge blieben überall: in der Inneneinrichtung mit viel Naturmaterialien, weiten Blicken und in der Küche, die auf regionale Zutaten wie Leinöl und frische Kräuter aus eigenem Garten setzt. Spreewälder Leinöl kommt auch im Wellnessbereich zur Anwendung – einem regelmäßig preisgekrönten Wohlfühl-Tempel.

€ € € € Zur Bleiche Resort & Spa, Bleichestraße 16, 03096 Burg (Spreewald), Tel. 03 56 03 620, www.bleiche.de

DuMont Aktiv

Paddeln auf den Fließen

Wenn es für die schweren Kähne der Fährleute zu eng wird im Spreewald-Labyrinth, schlägt die Stunde der Paddler: Rund 1500 Kilometer umfasst das Netz der Fließe, 300 können mit Kajak oder Kanadier befahren werden – auf kurzen Schnuppertouren oder beim mehrtägigen Wasserwandern.

Gleichmäßig taucht das Paddel ins Nass, in feinen Tropfen perlt das Wasser durch die Luft. Im Wasserparadies Brandenburg gilt der Spreewald als eines der schönsten Reviere für Kanuten. Liebhaber einsamer Natur kommen im Oberspreewald auf ihre Kosten, wo schmale Fließe durch den Erlenbruchwald führen. Wer es lieber lebhaft mag, steuert über die Hauptfließe eines der traditionellen Ausflugslokale wie die „Polenzschänke" an, wo Spreewälder Spezialitäten serviert werden.

In jedem Ort und jedem Hafen im Spreewald gibt es mindestens einen Kanuverleiher, der mit Karten und Routenempfehlungen weiterhilft. Zum Schnuppern gibt es kurze Rundtouren, zum Beispiel durch die abwechslungsreiche Kulturlandschaft um die Streusiedlung Burg. Erfahrene Wasserwanderer finden mehrtägige Strecken im gesamten Spreewald. Klassiker ist die zweitägige, gut 40 km lange Rundtour von Lübbenau nach Schlepzig, mit möglichen Besuchen in Lehde und Lübben. Vier Rundtouren sind markiert: (Hochwaldtour 23 km, Große Leiper Tour 20 km, Kleine Leiper Tour 17 km, Barzlintour 10 km). Wer öfter kommt, kann nebenbei das Spreewaldabzeichen in Gold, Silber oder Bronze erwerben.

Weitere Informationen

Der Tourismusverband Spreewald informiert auf www.spreewald.de über Bootsverleiher. Einige Tourenvorschläge lassen sich auf der Internetseite www. spreewaldhafen-online.de und www. spreewald-info.de herunterladen.

Auf den Kanälen im Spreewald können sich auch Anfänger auf Paddeltour begeben, dank verschiedener Markierungen findet man auch wieder zum Ausgangspunkt zurück.

KANZLERBLICK

Besuch des Bundeskanzlers
Gerhard Schröder
am 1. September 2000

Seenland von Menschenhand

Die größte begehbare Förderbrücke der Welt, Seen mit schwimmenden Häusern, Erlebnisparks in alten Industrieanlagen: Im einstigen Energiebezirk der DDR wird der Strukturwandel als Event inszeniert. Die Ruinen und Restlöcher des Braunkohletagebaus verwandeln sich in die größte künstliche Seenlandschaft Europas – mit Revieren für Wassersportler, Naturparks für Ruhesuchende und vielen Kulturangeboten.

Hinter dem spröden Begriff F 60 verbirgt sich eine monumentale Abraumförderbrücke, heute als Museum jedermann zugänglich.

Die Niederlausitz war und ist über weite Strecken ländlich geprägt. Das dokumentiert das im Sommer täglich geöffnete Freilichtmuseum Höllberghof in Langengrassau bei Luckau ebenso wie die Schnuckenherden im Naturpark Niederlausitzer Heidelandschaft. Die Oppelhainer Neumann-Mühle – eine relativ moderne, aber eher seltene Paltrock-Mühle – gehört zu den letzten funktionstüchtigen in der Niederlausitz. Im Pechofen davor wurde das Schmiermittel für den Drehkranz der Mühle hergestellt.

Eisengitter rattern, Schritte dröhnen, der Wind pfeift. Im Gänsemarsch bewegen sich zehn behelmte Technikfreaks über Stiegen und Treppen. Neben ihnen geht es knapp 80 Meter in die Tiefe. „Vorsicht mit dem Kopf", warnt Olaf Umbreit an einer besonders niedrigen Stelle. „Haben Sie Höhenangst?", hatte der Führer des Fördervereins Besucherbergwerk F 60 vor Beginn der Tour gefragt – nicht alle sind für diesen Rundgang tauglich. Das Kürzel steht für die Abraumförderbrücke F 60, eine der größten beweglichen technischen Anlagen der Welt – entwickelt noch in der DDR. Der 500 Meter lange und 11 000 Tonnen schwere Koloss ragt in Lichterfeld bei Finsterwalde aus einem einstigen Braunkohletagebau.

1991 war das Gerät mit ehrgeizigen Zielen in Betrieb gegangen: Millionen Tonnen Kohle sollte die Brücke abbauen. Doch nach 13 Monaten bereits war Schluss, die F 60 ein Opfer des Strukturwandels, der die Lausitz nach der Wende erfasste. Die Maschine sollte danach zunächst gesprengt werden, wurde dann aber nach langer Diskussion als Besucherbergwerk in Betrieb genommen. Inzwischen hat die F 60, wegen ihres Aussehens auch „liegender Eiffelturm" genannt, eine sensationelle Erfolgsgeschichte geschrieben: Touren durch das Stahlgeflecht, Dinner in luftiger Höhe, Licht- und Klanginstallationen und Musikevents lockten bislang mehr als 900 000 Besucher an – ein Paradebeispiel für die gelungene Nutzung des Bergbauerbes.

Energiehochburg in der Krise

Schon seit rund 150 Jahren wird in der Lausitz Braunkohle abgebaut, zunächst in kleinen Gruben, später im Tagebau mit immer größeren Maschinen. Immerhin schlummern unter der Region mehrere Milliarden Tonnen des lange begehrten Rohstoffs. Ein Segen für die DDR, die sich von den Kohlegruben im Ruhrgebiet und den Vorkommen in

Bei Abendveranstaltungen wird die F60 ins rechte Licht gesetzt.

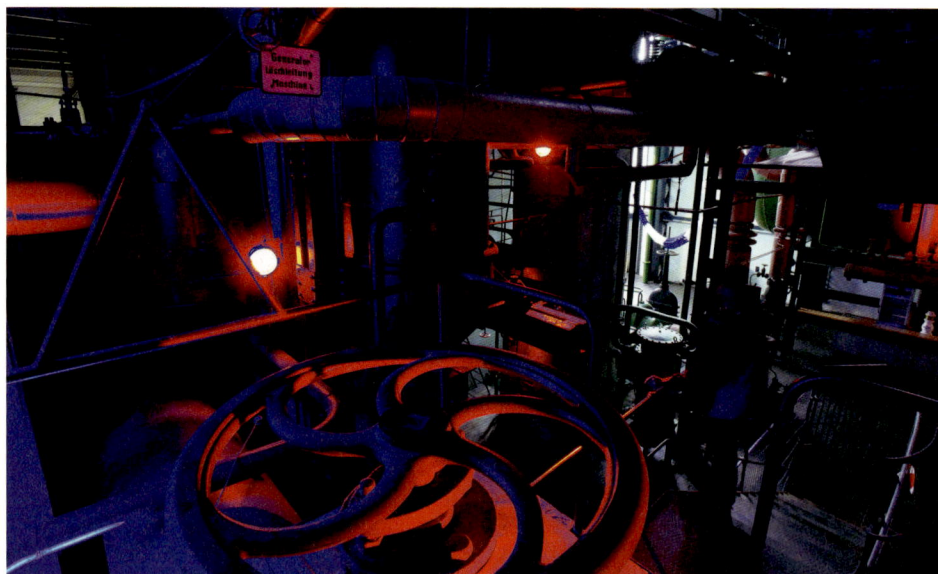

Das westlich Lauchhammer gelegene, 1927 in Betrieb genommene Museums-Kraftwerk Plessa ist eines der ältesten Braunkohlekraftwerke Europas.

Die 1952 errichteten Biotürme von Lauchhammer gehörten einst zu einer Braunkohlegroßkokerei. In ihnen wurde verunreinigtes Wasser mit Hilfe von Bakterien gesäubert.

In der Braunkohleförderung kommen imponierend große Maschinen zum Einsatz. Dieser Gigant arbeitet im Tagebau Welzow-Süd.

Schlesien abgeschnitten sah. Innerhalb weniger Jahre entwickelte sich der Raum Cottbus zum Energiebezirk des Landes, der Abbau erfuhr eine rasante Beschleunigung auf bis zu 200 Millionen Tonnen im Jahr. Es entstanden Kraftwerke und Industrieanlagen zur Veredelung der Braunkohle – verbunden mit großen ökologischen Schäden und der höchsten Feinstaubbelastung der DDR.

„Die Kohle gibt, die Kohle nimmt", heißt ein geflügeltes Wort der Lausitzer. Und sie hat viel genommen: Mehr als 130 Dörfer und Ortsteile verschwanden, 25 000 Menschen verloren ihre Heimat. Dazu kam die Zerstörung von Kulturlandschaften und Naturschätzen. Die

Wende zog die Region vollends in die Krise: Die meisten Tagebaue wurden geschlossen, ebenso wie die Mehrzahl der Industriestandorte. Die Arbeitslosigkeit erreichte fast 25 Prozent, die Abwanderung stieg in astronomische Höhen. Ein Prozess, den die Politik unbedingt stoppen wollte. Im Jahr 2000 wurde deshalb die Internationale Bauausstellung (IBA) Fürst-Pückler-Land initiiert, um den Strukturwandel mit Ideen und Know-how zu befeuern.

Neue Landschaften

Unter Federführung der Bauausstellung wurden einstige Industriebauten, Werkssiedlungen und Bergbaurelikte

Spätgotisch blieb Sprembergs Kreuzkirche.
Die historisierende Adler-Apotheke
spiegelt den Geist der Kaiserzeit.
Zum Sängerfest in Finsterwalde gehören auch
zeitgeistige Interpreten. Das Renaissanceschloss
steht als Stadtverwaltung heute jedem offen.

An den Adventsamstagen zieht es die Spremberger auf den Weihnachtsmarkt in der Langen Straße und auf dem Marktplatz.

Sprembergs Umland baut unverändert auf Braunkohle. Etwa 1,3 Milliarden Tonnen lagern in genehmigten Abbaufeldern.

einem neuen Zweck zugeführt. Dazu kamen neue Bauwerke, die den Charakter der neu entstandenen Landschaften unterstreichen, wie die „Landmarke" am Sedlitzer See, ein moderner stählerner Aussichtsturm, der im Volksmund schnell als „Rostiger Nagel" bezeichnet wurde – zunächst etwas abfällig, später mit zunehmendem Stolz. Oder die IBA-Terrassen an der Kante des einstigen Tagebaus von Meuro. Von einer neu errichteten Seebrücke fällt der Blick hier auf den langsam entstehenden Großräschener See, der die Einöde bis zum Jahr 2017 bedecken soll. Damit dieser auch befahren werden kann, entsteht zurzeit neben den IBA-Terrassen der Stadthafen Großräschen. Ein Kanal zwischen Großräschener und Sedlitzer See ist schon fertiggestellt; er liegt trocken, bis beide Seen gefüllt sind. Die einst zur Hälfte abgebaggerte Gemeinde Großräschen wird damit zur Seestadt, ein weiterer Baustein des Strukturwandels, der plakativ unter dem Motto „vom Bergmann zum Seemann" gepriesen wird. Oder zum Winzer: Am Fuße der IBA-Terrassen gedeihen seit ein paar Jahren Reben am ersten Weinberg der Region.

Auch wenn man den Blick heute von der F60 fallen lässt, sieht man in eine rosige Zukunft: Inzwischen erstreckt sich hier der neue Bergheider See, an dem man in einzelnen Abschnitten schon baden darf. Bald soll es hier eine Ferienhaussiedlung, einen Campingplatz und einen Bootsanleger geben. Der Plan für ein schwimmendes Erlebnis- und Veranstaltungszentrum in Form einer aufgehenden Sonne, das sich mit erneuerbaren Energien selbst versorgt, wurde dagegen zurückgestellt. Nicht alle Ideen konnten umgesetzt werden, mit denen die Innovatoren der IBA die Lausitz unter dem Motto „Werkstatt für neue Landschaften" zukunftsfähig machen wollten.

Wasserreich der Superlative

Kernstück der Planung ist die Entstehung von mehr als 20 Seen in den Tagebaurestlöchern, zehn davon sollen durch Kanäle miteinander verbunden werden – das größte künstlich angelegte Seengebiet Europas. Jeder soll einem anderen Zweck dienen: Badeseen für die ganze Familie, für laute und schnelle Sportarten, für Wasserflugzeuge und Hausboote, aber auch sich selbst überlassene Biotope. Die Grundlage für diese Pläne entstand schon zu DDR-Zeiten: 1973 wurde das „Erholungsgebiet Senftenberger See" in einem ehemaligen Tagebau der Öffentlichkeit übergeben. Privatbesitz für Datschen und an Seegrundstücken war untersagt, dafür gab es Campingplätze, Ferienheime, Gaststätten

Den zukünftigen Sedlitzer See, vom „rostiger Nagel" genannten Aussichtsturm zu überblicken, verbindet ein neuer Kanal mit dem Geierswalder See, auf dem schon die ersten Ferienhäuser dümpeln. Dem Senftenberger See ist seine künstliche Herkunft schon nicht mehr anzusehen.

und Sportanlagen. Eine „kleine Ostsee" mitten im Revier – schwarzer Kohlenstaub auf dem Wasser und im Hintergrund unablässig qualmende Schlote. Die Umwandlung vom Tagebau zum Senftenberger See – und damit auch der Leitgedanke der IBA – geht auf einen Vordenker zurück, der sich schon in den 1930er-Jahren einen Namen beim Bau der Reichsautobahnen gemacht hatte: Landschaftsplaner Otto Rindt (1906–1994) wirkte nach dem Krieg zunächst an DDR-Städtebauprojekten mit, um sich später ganz der Bergbaunachfolge zu widmen. „Über Kippen werden Boote segeln", brachte er schon Mitte der 1970er-Jahre seine Vision von einem Lausitzer Seenland auf den Punkt. Wer heute an den Senftenberger See kommt, entdeckt keine Spuren der Braunkohle-Vergangenheit mehr. Im See tummeln sich Hechte, Barsche und Maränen, am Strand weht die Blaue Flagge für besonders gute Wasserqualität.

Und was ist mit der Kohle?

Der Ideenreichtum der Landschaftsplaner wird auch in Zukunft gefragt sein, denn der Braunkohlenabbau geht weiter. Das vereinigte Deutschland fördert weltweit die meiste Braunkohle, allein in der Lausitz rund 60 Millionen Tonnen jährlich. Drei Tagebaue sollen noch einmal erweitert werden – Grund für rund 3000 Bewohner von sechs Dörfern und einer Stadt zu bangen. Die Aussagen zur Zukunft der Kohle sind widersprüchlich, angesichts der Klimaziele des Bundes und der Länder sollen einzelne Kraftwerke abgeschaltet werden. Gleichzeitig scheiterte das Vorhaben des Energieversorgers Vattenfall, die Forschung zur unterirdischen Speicherung des umweltschädlichen Kohlendioxids zu intensivieren – das Problem der CO_2-Belastung hätte sich damit gut auf die Nachwelt übertragen lassen. 2015 kündigte Vattenfall dann an, seine Tagebaue und Kraftwerke in der Lausitz zu verkaufen. Doch das letzte Wort über die Braunkohle ist sicher noch nicht gesprochen.

Die spannendsten Industriedenkmäler

Industrie im Wandel

Aus Tagebauen werden Badeseen, aus Abraumhalden blühende Hügel und aus Bergleuten Gästeführer: Der rasante Wandel der Lausitz ist noch immer zu erleben: Viele historische Bauten wurden zu Museen – sie zeigen nicht nur Industriegeschichte, sondern auch moderne Kunst.

① Erlebniskraftwerk Plessa

Bis zu 1000 Schornsteine sollen die Lausitz einst geprägt haben, die beiden Backsteintürme des Kraftwerks Plessa gehören zu den letzten verbliebenen. Seit 1927 war das Braunkohle-Kraftwerk 65 Jahre lang ununterbrochen in Betrieb – ohne jede Modernisierung. Zum Glück, denn so erlebt man hier historische Technik und gewaltige Turbinen im Urzustand.

Erlebnis-Kraftwerk Plessa, Am Kraftwerk 1, 04928 Plessa, Tel. 01 52 / 52 67 73 21, www.erlebnis-kraftwerk-plessa.de, März–Nov. tgl. 10.00–15.00 Uhr

② Biotürme Lauchhammer

In Lauchhammer ist nichts mehr, wie es war: Brikettfabriken und Kraftwerke sind verschwunden, als letztes Relikt der früheren Großkokerei blieben die Biotürme stehen, in denen giftige Abwasser geklärt wurden – einst ein Synonym für Luftverschmutzung und Geruchsbelästigung. Nur dank engagierter Bürger riss man die 22 Meter hohen „Turmtropfkörper" nicht ab. In einem von ihnen wurden zwei gläserne Aussichtskanzeln integriert.

Biotürme Lauchhammer, Finsterwalder Str. 57, 01979 Lauchhammer, Tel. 01 72 /411 42 14, www.biotuerme.de, So./Fei. 10.00–18.00 Uhr

③ Kunstmuseum Dieselkraftwerk Cottbus

Luftig, licht und mit überraschenden Ein- und Ausblicken zeigt sich das 2008 eröffnete Kunstmuseum Dieselkraftwerk. 1928 wurde das Kraftwerk in Betrieb genommen und schon 1958 stillgelegt. Danach verfiel es jahrzehntelang. Heute werden im ehemaligen Maschinenhaus und Schalthaus Werke moderner und zeitgenössischer Kunst gezeigt, sowie Plakatkunst.

Kunstmuseum Dieselkraftwerk Cottbus, Uferstraße/ Am Amtsteich 15, 03046 Cottbus, Tel. 03 55 /49 49 40 40, www.museum-dkw.de, Di.–So. 10.00 –18.00 Uhr

④ Eisenhütten- und Fischereimuseum Peitz

Feuer und Wasser – diese zwei Elemente prägten die Peitzer Geschichte: Feuer durch die Verarbeitung von Eisenerz im ansässigen Eisenhütten- und Hammerwerk, Wasser durch die über 500 Jahre während Tradition als Fischerstadt mit dem größten zusammenhängenden Teichgebiet Deutschlands. Das Museum rund um die klassizistisch errichtete alte Hütte und fast 200 Jahre alte Hochofenhalle dokumentiert beide Sparten. Highlight ist der große Fischzug Ende Oktober, wenn die Karpfen abgefischt werden.

Eisenhütten- und Fischereimuseum Peitz, Hüttenwerk 1, 03185 Peitz, Tel. 03 56 01 /22 08 0, www. peitzer-huettenwerk.de

⑤ Technisches Denkmal Brikettfabrik Louise

Wo viel Kohle ist, werden auch Briketts hergestellt. In der Brikettfabrik Louise, der ältesten ihrer Art in Europa, fing man schon Ende des 19. Jahrhunderts damit an. Erst kurz nach der Wende wurde die Anlage stillgelegt und zum Technischen Denkmal erklärt. Für die Besucher werden bis zu 14 Anlagen in Gang gesetzt, zum Beispiel die einstige Brikettpresse mit ihren ratternden Kolben. Zweimal im Jahr werden Dampftage veranstaltet, dazu Konzerte und Ausstellungen.

Technisches Denkmal Brikettfabrik Louise, Louise 111, 04924 Domsdorf, Tel. 03 53 41 /94 00 5, www.brikettfabrik-louise.de

2

8

Berlin Frankfurt/O.
Brandenburg
Wittenberg
Cottbus
POLEN
SPREEWALD/
LAUSITZ
Hoyerswerda
Sachsen
Dresden Görlitz
TSCHECHISCHE
REPUBLIK

4 3
5
1
2 7 6
9
10 8

7

6 Energiefabrik Knappenrode

Die Sirene heult. Schichtbeginn! Klappernd, ratternd, scheppernd setzen sich die Maschinen in Gang. Gelb behelmte Besucher schieben sich über die stählernen Stege auf dem „Fabrik-ErlebnisRundgang". Sie bestaunen die hundert Jahre alte Technik, betrachten Filmprojektionen und historische Fotos, lauschen Interviews mit Zeitzeugen. Bis 1993 wurden hier noch Briketts hergestellt, danach wurden die historischen Anlagen in ein spektakuläres Museum überführt.

Sächsisches Industriemuseum Energiefabrik Knappenrode, Ernst-Thälmann-Str. 8, 02977 Hoyerswerda/ Knappenrode,
Tel. 03 57 1/60 42 67, www. energiefabrik-knappenrode. de, Di.–So. 10.00–18.00 Uhr

7 Besucherbergwerk F60

Schwindelfreie wählen die „Große Führung" in luftiger Höhe, Eilige genießen nur kurz die Aussicht vom „Kanzlerblick" in 20 Metern Höhe, Höhenängstliche lassen sich das Denkmal vom Boden aus erklären – und Nachteulen kommen bei Dunkelheit zu einer Nachtlichtführung über die größte bewegliche technische Anlage der Welt. Vom spektakulärsten Industriedenkmal der Lausitz kann man sich sogar abseilen oder sie im Geländewagen umrunden.

Besucherbergwerk F60, Bergheider Straße 4, 03238 Lichterfeld, Tel. 03 53 1/60 800, www.f60.de, Mitte März-Okt. tgl. 10.00 bis 18.00, Mai–Aug. bis 22.00, Sept. bis 20.00, sonst Mi.–So. 11.00–16.00 Uhr

8 Brauerei Landskron

Mit 27 000 Hektolitern fing es an: Im Jahr 1869 nahm die Brauerei Landskron in Görlitz ihren Betrieb auf. Im Laufe der Zeit entstand ein rund vier Hektar großes Firmenareal mit prächtigen Industriebauten im Stil der Backsteinarchitektur. Im Spielfilm „In 80 Tagen um die Welt" mit Chackie Chan durften die Gebäude als Docks von New York herhalten. Die denkmalgeschützte Anlage mit zwölf Meter tiefen Gär- und Lagerkellern ist im Rahmen von Führungen zu sehen, zum Beispiel bei einer Kellermeistertour oder der abendlichen Bierfiedlertour.

Landskron Brau-Manufaktur, An der Landskronbrauerei 116, 02826 Görlitz, Tel. 03 58 1/46 52 30, www.landskron.de

9 Konrad-Wachsmann-Haus Niesky

An Plattenbauten aus Fertigteilen dachte noch lange niemand, als die Firma Christoph & Unmack in Niesky Ende des 19. Jahrhunderts begann, Fertighäuser aus Holz herzustellen. Rasant entwickelte sich der Ort zu einem Zentrum des europäischen Holzbaus. Chefarchitekt Konrad Wachsmann errichtete unter anderem ein Sommerhaus für Albert Einstein nahe Potsdam. In Niesky blieben neben dem Direktorenhaus mit seiner Dauerausstellung knapp 100 weitere Holzfertighäuser erhalten – zu erleben entlang des Holzhauspfades.

Konrad-Wachsmann-Haus Niesky, Goethestraße 2, 02906 Niesky, Tel. 03 58 8/25 60 0, www.wachs mannhaus.niesky.de

10 König Friedrich August Turm

Eigentlich wollte man den Aussichtsturm auf dem Löbauer Berg aus Stein errichten, wie es Mitte des 19. Jahrhunderts üblich war. Doch dann siegte die Moderne und der König Friedrich August Turm entstand 1854 aus Gusseisen – die schweren Einzelteile für das 28 Meter hohe Bauwerk mit seiner Wendeltreppe wurden vorher gegossen und später nur noch zusammengefügt. Heute gilt er als einer der ältesten gusseisernen Türme auf der Welt. Besucher bewundern nicht nur die Aussicht weit über die Oberlausitz, sondern auch die Verzierungen mit gotischen, aber auch orientalischen Elementen.

König Friedrich August Turm, Löbauer Berg, 02708 Löbau, Tel. 03 58 5/45 01 40, www.loebau.de

Im Land
der Braunkohle

Die westliche Niederlausitz steht ganz im Zeichen des Strukturwandels: Als Bergbaufolgelandschaft entsteht das Lausitzer Seenland mit Freizeitgebieten, spektakulären Industriedenkmälern und moderner Architektur. Zahlreiche abgeschlossene Projekte und Einrichtungen der Internationalen Bauausstellung „Fürst-Pückler-Land" können besucht werden.

❶ Doberlug-Kirchhain

Eine Gebietsreform legte die beiden Kleinstädte 1950 zusammen (9600 Einw.). Brachte die während der Reformation zerstörte Zisterzienserabtei dem Handwerkerstädtchen Doberlug Wohlstand, waren es in Kirchhain Tuchmacherei und Weißgerberei.

SEHENSWERT

Das Renaissance-**Schloss Doberlug** geht auf eine Klosteranlage aus dem 12. Jh. zurück. Die **Klosterkirche Doberlug,** eine spätgotische Backsteinbasilika von 1228, gilt als eines der bedeutendsten Bauwerke Südbrandenburgs. Die kleine **Stadtkirche Kirchhains** entstand im 12. Jh., der Turm wurde 1737 aufgesetzt. Eine **Kursächsische Postdistanzsäule** (1736) steht in Kirchhain.

MUSEEN

Das **Weißgerbermuseum** bietet Einblick in diesen Beruf (Potsdamer Straße 18, www.weissgerbermuseum.de; Di.–Do. 9.00–12.00, 14.00 bis 17.00, Fr. 10.00–12.00, 14.00–16.00, So. 14.00–16.00 Uhr).

UMGEBUNG

Der **Naturpark Niederlausitzer Heidelandschaft** erstreckt sich über 484 km² (www.naturpark-nlh.de). Das Naturparkhaus macht die Heidelandschaft anschaulich (Markt 20, Bad Liebenwerda, www.naturpark-nlh.de; April–Okt. Mi.–So. und Fei. 9.00–17.00, sonst Mi.–Fr. 10.00–16.00 Uhr).

INFORMATION

Tourismusbüro, Schlossplatz 1, 03253 Doberlug-Kirchhain, Tel. 03 53 22 68 88 50, www.doberlug-kirchhain.de

❷ Finsterwalde

Die Stadt (17 000 Einw.) ist als Sängerhochburg bekannt, alle zwei Jahre drängen sich Musiker beim Sängerfest. Der Ort eignet sich für Radtouren oder Ausflüge zur Industriekultur.

Abraumförderbrücke F60 (oben). Im Naturpark Niederlausitzer Heidelandschaft (o.re.). Schwarze Heidelibelle (u.re.).

SEHENSWERT

Umgeben von barocken und Jugendstilhäusern steht am **Marktplatz** das barocke **Rathaus** (1739) mit Uhrentürmchen. In der **Trinitatiskirche** (1586, Spätgotik und Renaissance) ist ein kostbarer Hochaltar von 1594 zu finden. Das Renaissance-**Schloss Finsterwalde** (1597) beherbergt die Stadtverwaltung. Die Fassade des **Märchenhauses** (1928) zieren 27 Reliefs mit Szenen Grimmscher Märchen.

MUSEEN

Das **Kreismuseum** mit historischem Tante-Emma-Laden widmet sich der Sangestradition und der Tuchfabrikation (Lange Straße 6/8; April-Sept. Di.–So. 10.00–18.00, Okt.–März Di.-So. 10.00–17.00 Uhr). Löschtechnik zeigt das **Feuerwehrmuseum** (Geschwister-Scholl-Straße 2; So. 10.00–12.00 Uhr).

AKTIVITÄTEN

Der **Fürst-Pückler-Weg** führt als Radrundweg (500 km) zu Industriedenkmälern und Seenlandschaften (www.fuerstpuecklerweg.de).

HOTELS UND RESTAURANTS

Seit 1862 ist der € € **Goldene Hahn** gastliche Stätte und Di.–Sa. auch Gourmet-Restaurant (Bahnhofstraße 3, 03238 Finsterwalde, Tel. 03 53 12214, www.goldenerhahn.com). Am historischen Marktplatz steht das € € **Boulevardhotel** mit italienischem Restaurant (Am Markt 2, 03238 Finsterwalde, Tel. 03 53 1 25 57, www.hotel-saengerstadt.de).

UMGEBUNG

Südöstlich ist mit dem **Besucherbergwerk F60** eine Abraumförderbrücke zu besichtigen (www.f60.de; Mitte März–Okt. So.–Fr. 10.00 bis 18.00, Mai–Aug. Sa. bis 22.00, Sept. Sa. bis 20.00, sonst Mi.–So. 11.00–16.00 Uhr, März bis Okt. Sa. Nachtführungen, zahlreiche Kulturevents). 13 km südöstl. liegt **Schloss Sallgast** (urspr. 12. Jh.) mit Restaurant und Schlosspark.

INFORMATION
Touristinformation,
Rathaus, Markt 1,
03238 Finsterwalde, Tel. 03 53 1 71 78 30,
www.finsterwalde-touristinfo.de

❸ Lauchhammer

Die Kunstgussstadt Lauchhammer (16 500 Einw.) – namengebend war ein 1725 gegründetes Eisenwerk – liegt inmitten einer Bergbaufolgeregion mit Heidelandschaften und Industriedenkmälern. 1834 begann der Glockenguss.

SEHENSWERT
Die **Biotürme**, Relikte der Großkokerei, sind ein architektonisch spektakuläres Zeugnis der Industriegeschichte (Finsterwalder Straße 57, www.biotuerme.de; So./Fei. 10.00–18.00 Uhr). In der **Kunstgießerei** ist Glockenguss mitzuerleben (Freifrau-von-Löwendahl-Straße 3, www.kunstguss.de; Führungen nach Anm. unter Tel. 03 57 4/86 01 66). Das angeschlossene **Kunstgussmuseum** zeigt im Schaudepot eine Modellsammlung (www.kunstgussmuseum.de; Di.–So. 13.00–17.00 Uhr).

UMGEBUNG
Zum Industriedenkmal wurde das **Kraftwerk Plessa** 1927 in Betrieb genommen und damit eines der ältesten noch erhaltenen Braunkohlekraftwerke Europas (Am Kraftwerk 1, 04928 Plessa, www.erlebnis-kraftwerk-plessa.de, März–Nov. Di.–So. 10.00–15.00 Uhr).

Tipp

Benzin im Blut

Röhrende Motoren, jubelnde Motorsportfans: Mit dieser Vision wurde 2000 der Lausitzring eröffnet – als Ovalkurs über einem einstigen Tagebau. Die Hoffnung, Austragungsort der Formel 1 zu werden, zerschlug sich schnell. Und auch die Umbenennung in Eurospeedway Lausitz konnte die Pleiteserie der Anlage, durch das Land Brandenburg mit 123 Mio. Euro gefördert, nicht aufhalten. Der aktuelle Betreiber setzt auf breitere Zielgruppen: Es gibt Fahrtraining des TÜV, Motorradtraining und Musikveranstaltungen. Gäste dürfen selbst einen Formel-1-Wagen oder ihr eigenes Auto über die Strecke jagen. Doch das ganz spezielle Angebot ist die Lausitzer Blade Night – dann wird alles auf die Strecke gelassen, was Räder, aber keinen Motor hat: Skater, Radfahrer, Rollstuhlfahrer, Jogger mit Kinderwagen …

INFORMATION
Lausitzring, Lausitzallee 1, Klettwitz, 03 57 54/3 37 33, www.lausitzring.de

---

Am Senftenberger See. Luther im Kunstgussmuseum Lauchhammer. Schaufelradbagger im ehemaligen Tagebau Meuro bei Senftenberg (im Uhrzeigersinn).

INFORMATION
Touristinformation, Liebenwerdaer Straße 69, 01979 Lauchhammer, Tel. 03 57 4 48 80, www.lauchhammer.de.

❹ Senftenberg

Die 700-jährige einstige Braunkohlestadt (25 000 Einw.) liegt an einem der saubersten Gewässer Brandenburgs: dem 1300 ha großen Senftenberger See, entstanden durch die Rekultivierung des Braunkohletagebaus und seit 1973 zum Baden freigegeben.

SEHENSWERT
Am **Marktplatz**, dem historischen Altstadtkern, stehen restaurierte Bürgerhäuser (17. Jh.) und die wilhelminische Adler-Apotheke (1902). Die Besonderheit des **Alten Rathauses** (1929) ist sein steiles Dach. Es ist mit dem **Neuen Rathaus** (1998) verbunden, 1999 mit dem Architekturpreis des Landes Brandenburg ausgezeichnet. Östl. des Marktplatzes liegt die **Renaissancefestung** mit **Schloss** (15. Jh.). Die **Gartenstadt Marga** in Brieske wurde 1914 als Werkssiedlung und erste deutsche Gartenstadt fertiggestellt (www.gartenstadt-marga-brieske.de).

MUSEEN
Das Schloss beherbergt das **Kreismuseum** und die **Kunstsammlung Lausitz** mit über 2500 Werken. Attraktion ist der originale Bergwerksstollen (Schlossstraße, www.museum-osl.de; April–Okt. Di.–So. 10.30–17.30, Jan. bis März Di.–So. 13.00–16.00 Uhr).

AKTIVITÄTEN
Der neue **Stadthafen** mit seiner 80 m langen Seebrücke wurde zum Wahrzeichen der Stadt (www.stadthafen-see.de). Von hier verkehren Fahrgastschiffe, z.B. ein Solarkatamaran zum Geierswalder See (www.reederei-loewa.de). Im Wassersportzentrum am **Senftenberger See** TOPZIEL kann man wasserwandern, segeln, surfen, Kanu fahren, rudern und mehr (www.senftenberger-see.de). Erlebnisse unter Wasser bietet die Tauchschule Senftenberg (www.tauchschule-senftenberg.de). Radler können auf der Seenland-Route 180 km durch das gesamte Lausitzer Seenland zurücklegen (www.seenland-route.de).

HOTELS UND RESTAURANTS
Ruhige Seelage samt Bade- und Bootsanlegestelle zeichnen das € € **Strandhotel Senftenberger See** aus; außerdem Restaurant mit Terrasse und Wintergarten (Am See 3, 01968 Senftenberg, Tel. 03 57 3 80 04 00, www.senftenberger-see.de). Zur Lausitztherme gehört das € € / € **Wellnesshotel Seeschlösschen** (Buchwalder Straße 77, 01968 Senftenberg, Tel. 03 57 3 37 89 0, www.lausitztherme.de).

UMGEBUNG
Der 30 Meter hohe **Aussichtsturm** der Landmarke Lausitzer Seenland an der Mündung des Sornoer Kanals in den Sedlitzer See steht für den Wandel der Region.

INFORMATION
Tourismusverband Lausitzer Seenland, Tourist-Information, Markt 1, 01968 Senftenberg, Tel. 03 57 3 149 90 10, www.senftenberg.de

❺ Großräschen

Ab Ende des 19. Jh. prägte der Braunkohletagebau das einstige Angerdorf (8 800 Einw.). Heute bilden Großräschen und der entstehende Großräschener See ein Tor zum Lausitzer Seenland.

SEHENSWERT
Am zukünftigen Ufer des Großräschener Sees hat man von der **Victoriahöhe** einen Blick auf das ehem. Niederlausitzer Braunkohlerevier, ebenso von den architektonisch interessanten **IBA-Terrassen**. Haus 2 beherbergt das Besucherzentrum des entstehenden Lausitzer Seenlands und das Terrassencafé (www.iba-terrassen.de). Nebenan befinden sich auch ein neu angelegter Weinberg, der Landschaftspark „Allee der Steine" und eine Seebrücke. Ein neuer Stadthafen ist im Bau.

AKTIVITÄTEN

Die IBA-Terrassen sind Ausgangspunkt von geführten **Touren** zu Fuß, mit der Ausflugsbahn „Seeschlange" und per Rad ins gesamte Lausitzer Seenland (www.iba-tours.de).

HOTELS

Ein gediegenes Haus aus den 1920er-Jahren ist das € € € / € € **Seehotel Großräschen** mit Wellness-Bereich und Restaurant (Seestraße 88, 01983 Großräschen, Tel. 03 57 53 69 06 60, www.seehotel-grossraeschen.de).

UMGEBUNG

Altdöbern (1717) gilt als bedeutendes Schloss des sächsischen Rokoko; den Garten legte ein Schüler des Fürsten von Pückler-Muskau an. Teil des Lausitzer Seenlandes sind der **Altdöberner** (Flutung bis 2021) und der **Gräbendorfer See** (Flutung abgeschl.). In der schwimmenden Tauchschule des Gräbendorfer Sees kann man auf Tauchstation gehen (www.walditauchen.de). In der Kunstlandschaft Pritzen – eine Halbinsel im wachsenden Altdöberner See – sind Kunstwerke zu sehen.

INFORMATION

Besucherzentrum Lausitzer Seenland, in den IBA-Terrassen, Seestraße 100, 01983 Großräschen, Tel. 03 57 53/2 61 11, www.grossraeschen.de, www.iba-terrassen.de.

⑥ Spremberg

Spremberg (22 500 Einw.) liegt im grünen Durchbruchstal der Spree, einem Landschaftsschutzgebiet. Die 1301 genannte Handels- und Tuchmacherstadt wurde im 19. Jh. Industriestandort. Erhalten blieb die attraktive Altstadt.

SEHENSWERT

Die **Altstadt** liegt zwischen zwei Spreearmen auf einer Insel. Die ev. **Kreuzkirche** ist ein spätgotischer Backstein-Hallenbau (1509). Die Wendische Kirche wurde 1835 klassizistisch neu errichtet. Das **Rathaus**, nach dem großen Stadtbrand als Barockbau 1706 entstanden, erhielt 1899 sein heutiges Renaissance-Erscheinungsbild. Das **Spremberger Schloss** (Urspr. 11. Jh.) wurde zu einer frühbarocken Vierflügelanlage umgebaut. Wahrzeichen der Stadt ist der **Bismarckturm** (1902)

MUSEEN

Das **Niederlausitzer Heidemuseum** informiert über die Regionalgeschichte und gewährt Einblick in Leben und Werk des Schriftstellers Erwin Strittmatter, des bekanntesten Schriftstellers der Region (Schlossbezirk 3, www.heidemuseum.de; Di.–Fr. 9.00–17.00, Sa., So., Fei. 14.00–17.00 Uhr).

INFORMATION

Fremdenverkehrsverein „Region Spremberg", Tourist-Information, Am Markt 2, 03130 Spremberg, Tel. 03 56 3 45 30, www.spremberg.de

---

Abenteuer Braunkohle

DuMont Aktiv

Der aktive Tagebau und seine Hinterlassenschaften sind in der Lausitz im Wortsinn erfahrbar: Auf geführten Touren im Geländewagen geht es an die Abbruchkante zum Braunkohleflöz, durch die Mondlandschaften der Abraumhalden und zu dem neuen Leben, das in rekultivierten Landschaften zu keimen beginnt.

Mit knirschenden Ketten schiebt sich das Ungetüm voran, seine Schaufeln graben sich in die Kante des Tagebaus. Aus der Ferne schallt eine metallische Stimme – im Tagebau von Welzow-Süd wird per Lautsprecher kommuniziert. Sprachloses Staunen ist dagegen die Reaktion von Besuchern angesichts der Dimensionen des Kohleabbaus. „Bis 2060 soll hier gebaggert werden", versucht der Guide gegen den Lärm der Maschinen anzutönen. Drei Geländewagen, ein paar Besucher – so geht es offroad in die Braunkohle. Auf der Tour versuchen die Veranstalter, den kompletten Prozess des Tagebaus transparent zu machen: von der Erschließung eines neuen Geländes, bei der die Archäologen zunächst Gelegenheit haben, prähistorische Artefakte zu suchen, über den jahrzehntelangen Abbau bis zur Rekultivierung. Die Maschinen hinterlassen eine bizarr-faszinierende Landschaft, teils Wüste, teils Canyon, durch die sich die Allradler wühlen. An manchen Stellen grünt es schon wieder – in Welzow werden z.B. nachwachsende Rohstoffe angebaut.

Weitere Informationen

Der Bergbautourismus-Verein „Stadt Welzow" informiert im Besucherzentrum Excursio über den Bergbau und bietet von Mai bis Okt. Touren im Mannschafts-Transportwagen, zu Fuß und per Fahrrad (Heinrich-Heine-Straße 2, Tel. 03 57 51 27 50 50, www.bergbautourismus.de).

Auch im Tagebau Meuro werden Touren angeboten (Expedition Lausitz, Briesker Straße 30a, Senftenberg-Brieske, Tel. 03 57 3 66 99 13, www.bothe4x4.jimdo.com).
Weitere Anbieter: www.allradtouren.de, www.lausitzsafari.de.

Für eine Offroad-Tour muss man nicht in die Wüste fahren. Auch im Kohlerevier um Welzow gibt es Sandrillen, Schluchten und steile Hänge – ideal für Geländewagen.

Industrie- und Natur- landschaft

Eine wechselvolle Geschichte hat im Land links der Oder ihre Spuren hinterlassen – von der Cottbusser Tradition als Theaterstadt bis zur Errichtung von Eisenhüttenstadt als Musterbeispiel sozialistischer Architektur, von den historischen Mühlen vergangener Jahrhunderte bis zu den Pionieren der Sonnen- und Windenergie. Natur in wunderbarer Ausprägung gibt es noch im Schlaubetal – für viele das schönste Bachtal Brandenburgs.

Mit viel Schwung in die Wissensgesellschaft: Bibliothek des Cottbusser Kultur- und Medienzentrums

Bis 1817 war das 1268 gestiftete Kloster Neuzelle katholisch mitten im protestantischen Brandenburg. Im Zuge der Gegenreformation erhielt Neuzelle um 1730 sein prachtvoll barockes Aussehen. Das klösterliche Schwarzbier wird seit 700 Jahren immer gleich nach eigenem Rezept gebraut.

Die Geschichte Gubens war eng mit der 1822 aufgenommenen Hutproduktion verbunden – und ist es noch im Stadt- und Industriemuseum.

Neuzelle war jahrhundertelang ein prächtiger päpstlicher Stachel im protestantischen Brandenburg.

„Viele Grüße aus der DDR!" – nur dieser Satz fehlt noch, um das Postkartenmotiv einer sozialistischen Kleinstadt zu vervollständigen: rosengeschmückte Blumenkübel aus Waschbeton, breite Kopfsteinpflasterstraßen mit ungewöhnlich gutem Parkplatzangebot, große, leer wirkende Schaufensterflächen. Nur Trabis sind nicht zu sehen. Eisenhüttenstadt war die erste und einzige Stadt der DDR, in der die „16 Grundsätze des sozialistischen Städtebaus" konsequent Anwendung fanden – Leitlinien, mit denen sich die staatlich gelenkte Architektur 1950 nach sowjetischem Vorbild ausrichtete. „Städte an sich entstehen nicht und existieren nicht. Die Städte werden in bedeutendem Umfange von der Industrie für die Industrie gebaut", lautete Grundsatz Nummer drei passend zu Eisenhüttenstadt: Die zentral gelegene Lindenallee bildet gleichzeitig eine Sichtachse zum Hochofen des einstigen Eisenhüttenkombinats Ost, mit dem die DDR 1950 in die Schwerindustrie einstieg. Parallel begann der Aufbau einer Wohnstadt für mehrere Tausend Arbeiter, die bis 1961 den Namen Stalinstadt trug.

Als stalinistisch gilt auch die charakteristische Architektur, die in den folgenden Jahren den Baustil bestimmte: drei bis vierstöckige Wohnblocks im „Zuckerbäckerstil", mit aufwendig gestalteten Hausdurchgängen, verzierten Portalen, Wandgemälden, Säulen, Balkonen, Erkern und Simsen. Die Nuancen der einzelnen Epochen lernt man erst bei einem Rundgang zu unterscheiden – angefangen bei den ersten Bauten des Jahres 1951, als die Mieter noch über niedrige Decken und kleine Räume klagten, über den Protz der Stalinzeit bis zu den ausgehenden 1950ern, als die ersten Großblöcke entstanden. Die in sich abgeschlossenen Wohnkomplexe dienten dem Kollektivgedanken: Jeder kannte jeden, die soziale Kontrolle war perfekt. Es gab keine Kirchen, aber weitläufige und üppig begrünte Höfe mit dazugehöriger Kaufhalle, Schule und Kindergarten. Eisenhüttenstadt war damals die kinderreichste Stadt der DDR. Ganz anders heute: Die Bevölkerungszahl sank seit der Wende um mehr als 20000 auf rund 28000, von früher bis zu 16000 Stahlarbeitern stehen lediglich rund 2500 in Lohn und Brot.

Kraft von Sonne und Wind

Eisenhüttenstadt entstand „auf der grünen Wiese". Wertvolles Ackerland ging dabei nicht verloren, denn die Böden in der Region sind karg. Statt auf Landwirtschaft setzt man daher heute

Nachdem Fürst Pückler-Muskau sein Muskauer Anwesen zur Begleichung seiner drückenden Schulden verkaufen musste, schuf er sich in Branitz eine gleichermaßen eindrucksvolle Gartenwelt in englischem Stil.

Bevor die Schlaube bei Müllrose den Oder-Spree-Kanal speist, bildet sie noch einen großen See.

Eine Wanderung durch das Schlaubetal führt zwangsläufig an einigen Mühlen vorbei.

Das Schlaubetal ist in jeder Weise eine Idylle.

Gubener Körperwelten

Special

Umstrittene Präsentation

Ein Reiter hoch zu Pferd, ein Mann beim Schachspiel, ein Degenfechter in herausfordernder Pose: Im Plastinarium sind Menschen bei vielfältigen Aktivitäten zu sehen – tote Menschen, konserviert in Kunststoff!

In einer ehemaligen Gubener Tuchfabrik hat Gunther von Hagens mit Exponaten seiner Ausstellung „Körperwelten" eine Heimat gefunden. Der Arzt und Unternehmer gehört zu den umstrittensten Persönlichkeiten der Region: Die einen schimpfen ihn einen „Leichenfledderer", andere würdigen seine Verdienste um anatomische Forschung und Wissenschaftskommunikation.

Von Hagens ist der Erfinder einer besonders effektiven Technik der Konservierung von Leichen. Bei der sogenannten Plastination werden Körper mit Kunststoffen imprägniert und haltbar gemacht. Zu sehen sind Knochenpräparate, Körperscheiben

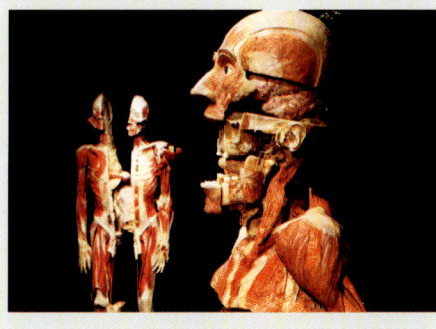

Plastinate der Ausstellung Körperwelten

und Plastinate des ganzen Körpers. Für Kritik aus Bevölkerung, Politik und Kirche sorgt dabei vor allem die Art der Darstellung – bis hin zu einem Paar in inniger Umarmung.

Den weiteren Ausbau des Unternehmens stoppte von Hagens jedoch 2011, als bei ihm die Parkinson-Krankheit diagnostiziert wurde. Inzwischen übernahm Sohn Rurik das Ruder im Plastinarium – auch die Ausstellung Körperwelten ist weiter unterwegs.

lieber auf Energiegewinnung – nicht nur durch den fortgesetzten Abbau und die Verstromung von Braunkohle, sondern vor allem auch durch erneuerbare Energien. Das Land Brandenburg will bis zum Jahr 2030 mindestens 32 Prozent seines Primärenergieverbrauchs durch Biomasse-, Solar- und Windenergie decken. Bereits 2010 wurde es als deutscher Spitzenreiter in puncto Ausbau und Förderung erneuerbarer Energien ausgezeichnet.

Voller Stolz verwies man im vergangenen Jahrzehnt auf die „Solarhauptstadt" Frankfurt an der Oder oder auf den Solarpark Lieberose, eine der größten Solaranlagen der Welt, die mehr als 15 000 Haushalte mit Strom versorgen kann. Doch seitdem chinesische Billiganbieter von Solarmodulen den Markt überschwemmen und einige Produzenten in die Insolvenz rutschten, herrscht Katerstimmung im Solarparadies Brandenburg.

Weitaus mehr Bedeutung räumt die Regierung daher auch der Windkraft ein – mehr als 3 300 Windräder drehen sich schon in Brandenburg. Was heute politisch immer noch kontrovers diskutiert wird, war in vergangenen Jahrhunderten eine Selbstverständlichkeit: die Nutzung der von der Natur bereitgestellten Energie. Mitte des 19. Jahrhunderts soll es

Der Cottbusser Altmarkt ist von barocken und klassizistischen Fassaden umstanden, gemütliche Kulisse für ein nicht zuletzt dank der Universität reges Nachtleben.

Die Cottbuser Technische Universität ist immer auf dem Sprung – auch architektonisch, wie das Kultur- und Medienzentrum zeigt.

Auch das Jugendstil-Staatstheater bietet Raum für die
der Zukunft zugewandten Inszenierungen.

„Schöne Häuserchen" nennt
sich Cottbus auf Sorbisch, was
mittlerweile immer mehr zutrifft.

Am Cottbusser Altmarkt ist das Apothekenmuseum zu finden.

Das Kunstmuseum Dieselkraftwerk Cottbus ist als spätexpressionistischer Bau auch architektonisch interessant. 1928 war es als Energielieferant in Betrieb genommen worden.

Der Brunnen auf dem Altmarkt erinnert an früheres Cottbusser Handwerk.

Die Spree säumen in Cottbus schöne Uferhäuser, die mittlerweile zum Wohnen sehr begehrt sind.

noch mehr als 5000 Mühlen in Brandenburg gegeben haben: Wassermühlen, Bockwindmühlen, Paltrockwindmühlen, Holländermühlen. Die meisten der kleinen, handwerklichen Anlagen waren in den letzten 150 Jahren der lange Zeit preisgünstigen Konkurrenz von Dampf, Diesel und Elektrizität nicht gewachsen. Doch die Mühlenvereinigung Berlin-Brandenburg listet in ihrem Archiv immerhin noch einige Hundert Standorte auf, die Mehrzahl davon im Süden des Bundeslandes.

Schönstes Tal Brandenburgs

Vor allem das Schlaubetal gilt als Dorado für Mühlenfreunde. Acht Mühlräder drehten sich hier einst, um Korn zu mahlen, Holz zu sägen und Kupfer zu hämmern. Schmuckstücke wie die Ragower Mühle, in die ein Privatmann nach der Wende Tausende Arbeitsstunden investierte, um den Originalzustand vom Ende des 19. Jahrhunderts wiederherzustellen.

Auf dem Weg von der ehemaligen Schlaubemühle, von der nur noch die ausgedienten Mahlsteine zeugen, zur Kieselwitzer Mühle hat die Schlaube eine tiefe Kerbe in das Gestein gegraben, umgestürzte Baumstämme liegen kreuz und quer über der bis zu dreißig Meter tiefen Schlucht.

Auf ihrem 20 Kilometer langen Weg vom Wirchensee nach Müllrose schlängelt sich die Schlaube durch Schluchten und Wälder, bildet Niedermoore und durchfließt Seen und Teiche. Nicht ohne Grund wird das Schlaubetal als schönstes Bachtal Brandenburgs gepriesen. An der Seite von Rangern erleben Wanderer die Flora und Fauna, zum Beispiel den Aurorafalter, eine von ungefähr 700 verschiedenen Schmetterlingsarten im Naturpark, oder Haubentaucher, die in den Kronen ins Wasser gestürzter Bäume ihre Nester errichten.

Vom Theater zum Kino

Südlich des Schlaubetals liegt Cottbus, zweitgrößte Stadt Brandenburgs, inoffizielle Hauptstadt der Niederlausitz und wichtiges Zentrum der Sorben. Der Zweite Weltkrieg und die Stadtplanung der DDR-Zeit haben hier manche Spur hinterlassen, das Stadtbild zeigt Brüche, zum Beispiel rund um die Schlosskirche, wo Häuser aus dem 18. und 19. Jahrhundert, aus Jugendstil, DDR- und Nachwendezeit aneinandergrenzen. Unumstrittenes Schmuckstück ist das Staatstheater. In dem prachtvollen Jugendstilbau von 1908 gehen Architektur, Malerei und Plastik eine eindrucksvolle Verbindung ein: Ein Sternenhimmel aus Glühlampen, Proszeniumslogen mit Pantherge-

spannen und optische Spielereien mit Spiegeln gehören zu den auffälligsten Elementen.

Die Cottbusser Theatergeschichte nahm Ende des 18. Jahrhunderts ihren Ausgang, als erste Aufführungen im Schloss stattfanden. Das Volk vergnügte sich indessen in einer Holzbaracke vor den Stadttoren, wo fahrende Gruppen auftraten. In der Neuzeit gesellte sich zur Theater- eine Kinotradition: Erst 1991 gegründet, entwickelte sich das alljährliche FilmFestival Cottbus zum bedeutendsten des osteuropäischen Films. Vom Glamour großer Festivalstädte wie Cannes oder Venedig ist dennoch nicht viel zu spüren – zur Freude der Besucher, die den intimen Charakter zu schätzen wissen.

DIE ODER

Lebensader und Schicksalsfluss

Ein weites Auenland mit Sümpfen, Erlenwäldern und Stieleichen säumt die Oder in weiten Abschnitten – auf den ersten Blick eine friedliche Landschaft. Doch die Anwohner des Grenzstromes haben mit Wetterkapriolen und wilden Launen des Flusses zu kämpfen. Die Spielarten reichen von Dürre bis Überschwemmung.

Das Oderland ist ein Anglerparadies.

Die Oder ist ein Fluss der Extreme. Im Sommer und Herbst gleicht sie oft eher einem Flüsschen als einem Strom, so wenig Wasser führt sie. Im Winter dagegen und vor allem nach der Schneeschmelze im Frühjahr kann sie gewaltig anschwellen – das Land wird überflutet. So wie im Mai 2010. Halten die Deiche? Diese bange Frage stellten sich auch die Einwohner von Ratzdorf, wo die Neiße in die Oder mündet. Ute Petzel, die ehrenamtliche Bürgermeisterin, erinnert sich: „Die Leute standen am Deich und schauten besorgt auf den Fluss." 6,29 Meter über Normal erreichte das Hochwasser. Aber Brandenburg hat die Flut überstanden, nur zwei Deiche im Oderbruch wurden beschädigt. Für 220 Millionen Euro war der Hochwasserschutz erneuert worden, nach neuesten Erkenntnissen.

Andere Teile des Landes kamen nicht so glimpflich davon. Und noch gefährlicher war die Lage in Polen. In Slubice, der Nachbarstadt von

Frankfurt an der Oder, mussten zwei Stadtteile evakuiert werden. „Aber wesentlich schlimmer war 1997", seufzt Bürgermeisterin Petzel. Das sogenannte Jahrhunderthochwasser ist im Oderland unvergessen. „Das ganze Dorf hat zusammen mit den Helfern Sandsäcke geschleppt. Es war wirklich ein Wettlauf mit der Zeit", erinnert sich Petzel. Das Wasser fand trotzdem seinen Weg in das Dorf. Fast sieben Meter über dem normalen Pegelstand stand es damals.

Eine Menge Wasser saugen die Auenlandschaften auf, die sich bei Hochwasser in eine Seenplatte ver-

wandeln. Doch die Flächen reichen nicht aus. Vor allem sind es die Überschwemmungsgebiete in Polen, die Land und Leute beiderseits des Flusses vor den schlimmsten Überflutungen schützen. In Brandenburg gibt es nicht mehr genug sogenannte Retentionsflächen, weil die Böden landwirtschaftlich stark genutzt oder bebaut wurden. Naturschützer fordern daher seit langem einen „ökologischen" Hochwasserschutz, wollen nicht auf rein technischen Schutz wie Staustufen und Speicherbecken vertrauen. Auch die Politik erkannte, dass natürliche Überflutungsflächen

Wenn das Hochwasser
aus Polen nach
Brandenburg strömt,
werden im Oderbruch
weite Landstriche
zur Seenplatte.

Das Oderbruch wird landwirtschaftlich intensiv genutzt. Das Pegelhaus in Ratzdorf zeigt einen Wasserstand von 5,37 Metern. Normal sind hier um die 3,20 Meter.

"Wir sind aber immer mal mehr, mal weniger gefährdet."

eine große Entlastung bieten können. Laut Bund für Umwelt und Naturschutz wurden an der Oder jedoch statt der versprochenen 600 nur 60 Hektar geschaffen – wegen komplexer Planung und der Beteiligung vieler Stellen ist es schwierig, neue Retentionsgebiete zu gewinnen.

Wasserwelt Oderbruch

So gefährdet das Land am Fluss auch sein mag – freiwillig wegziehen will niemand. "Wer verlässt schon gern seine Heimat?", meint Ute Petzel. Auch Kenneth Anders ist noch nie auf die Idee gekommen, das Oderbruch zu verlassen, obwohl auch das Land zwischen Seelow, Küstrin und Bad Freienwalde immer wieder unter Wasser steht. "Die Landschaft begeis-

tert uns einfach", erklärt der Kulturwissenschaftler und Mitgründer des Netzwerks Oderbruchpavillon, ein Informationsportal im Internet. "Wir wollen unter anderem Verbände und Bürgerinitiativen vorstellen, die sich mit ihrer Landschaft auseinandersetzen", sagt Anders. Denn das Oderbruch ist ein Paradebeispiel für eine vom Menschen geformte Landschaft. Einst durchzogen von Flussadern, Mooren und Sümpfen, ließ Preußenkönig Friedrich II. das Gebiet trocken legen. Techniker gruben der Alten Oder einfach das Wasser ab und verlegten den Fluss in ein neues Bett.

Auch hier im Oderbruch standen die Menschen 1997 kurz vor einer Katastrophe. "Wir sind aber immer mal mehr, mal weniger gefährdet. Nach dem Winter kommt das Schmelzwasser durch den Eisstau, und im Sommer können starke Regenfälle das Land überfluten", sagt Anders. Es muss daher ständig entwässert werden. Der Grund: Das ehemalige Sumpfgebiet, eine sehr flache Talsohle, liegt unter dem heutigen Flussniveau.

Wird genug getan, um die Menschen vor den Hochwassern zu schützen? "Es wird sicher viel Geld investiert, aber die Frage ist, ob auch an der richtigen Stelle", meint Kenneth Anders. "Wir können gerade im Oderbruch nur mit dem Wasser leben, müssen es als Teil seiner Landschaft begreifen", sagt Anders. Das bedeutet angepasst zu bauen, also beispielsweise die Elektrik auf das Dach zu verlegen. Das heißt auch, auf einen weiteren Ausbau des Stroms zu verzichten. Denn in einem begradigten Fluss fließt das Wasser schneller. Und sind die Böden verbaut, kann es nur sehr langsam einsickern. Die Oder braucht einfach wieder mehr Raum, dann ist das Land auch besser vor Überschwemmungen geschützt.

Fakten & Informationen

. . . .

www.oderbruchpavillon.de
www.oderneisse-radweg.de
www.unteres-odertal.de

Nördlich von Frankfurt an der Oder liegt Lebus mit Blick auf die weite Flusslandschaft.

Am linken Ufer der Oder

Architektur prägt die östliche Niederlausitz nahe der Grenze zu Polen: Kloster Neuzelle gilt als Brandenburgs Barockwunder, Cottbus mischt historische Architektur mit DDR-Architektur, Eisenhüttenstadt zeigt sozialistische Zuckerbäckerbauweise. Das Schlaubetal bietet dazu ein weitgehend naturbelassenes Kontrastprogramm.

❶ Müllrose

Das Eingangstor (4300 Einw.) zum idyllischen **Tal der Schlaube** TOPZIEL mit seinen Mühlen wurde schon früh wegen seiner Lage und den klimatischen Verhältnissen zum Erholungsort.

SEHENSWERT

Mittelpunkt der Stadt ist der historische **Marktplatz** mit Restaurants und Seepromenade. Die ev. **Hallenkirche** mit barockem Kanzelaltar wurde um 1746 erneuert, die Jugendstil-Lungenheilstätte, heute Gut Zeisigberg, wurde 1907 eingeweiht. Die mächtige **Müllroser Mühle** (1275 erwähnt) mahlt unverändert Getreide.

MUSEEN

Das Haus des Gastes beherbergt auch das **Heimatmuseum** mit einer Sammlung historischer Kutschen (Kietz 7, www.muellrose.de; April bis Sept. Di.–Fr. 10.00–17.00, Sa., So. und Fei. 10.00–14.00 Uhr, sonst kürzer).

Bremsdorfer Mühle im Schlaubetal. Sozialistisches Eisenhüttenstadt. Flachbandstahlrollen im dortigen Stahlwerk ArcelorMittal (im Uhrzeigersinn).

Tipp

Die schönsten Mühlen

In Brandenburgs schönstem Bachtal reihen sich einige Mühlen. Die Ragower Mühle (um 1670) beherbergt heute eine Gaststätte; in der Schaumühle ist Mühlentechnik in Betrieb zu sehen. Die Bremsdorfer Mühle (16. Jh.) gilt als hübscheste im Schlaubetal, sie ist heute Gaststätte mit regionalen Wild- und Fischspezialitäten. In der Schwerzkower Mühle, seit 200 Jahren Sägemühle, werden regionale Produkte angeboten.

NATURPARK SCHLAUBETAL

Naturschutz- und Informationszentrum Schlaubemühle
An der Schlaube 1;
Mo.–Fr. 9.30–16.00 Uhr

HOTELS UND RESTAURANTS

Eine ehem. Wassermühle (1680) wurde zum €€ **Hotel Kaisermühle** (Forststraße 13, 15299 Müllrose, Tel. 03 36 06 880, www.hotel-kaisermuehle.de). Die €€ / € **Ragower Mühle** ist heute Restaurant mit ländlich-regionaler Küche (15890 Schernsdorf, Tel. 03 36 55 721, www.ragowermuehle.de).

UMGEBUNG

In **Beeskow** (Urspr. 13. Jh.) umrahmt eine vollständig erhaltene Stadtmauer die historische Altstadt; der Luckauer Torturm ist der höchste Turm der Stadtbefestigung. Die Marienkirche (1380) ist eine der größten Kirchen in Backsteingotik der Mark Brandenburg. Die mittelalterliche Burg Beeskow (1272) dient heute als Kulturzentrum (u. a. SED-Auftragskunst).

INFORMATION

Schlaubetal-Information, Kietz 7, 15299 Müllrose, Tel. 0 336 06/7 72 90, www.muellrose.de und www.schlaubetal-online.de

❷ Eisenhüttenstadt

Eisenhüttenstadt (28 000 Einw.) entstand als erste „sozialistische Stadt" der DDR. Große Bereiche stehen unter Denkmalschutz. Das Eisenhüttenkombinat (EKO) war das größte Metallurgiekombinat der DDR. Seit 1994 gehört es zum Stahlkonzern ArcelorMittal.

SEHENSWERT

Vier **Gebäudekomplexe** TOPZIEL der sozialistischen Wohnstadt aus vier Epochen blieben erhalten (Führungen durch den Tourismusverein). Die historische Stadt **Fürstenberg** wurde 1961 eingemeindet. Der Ortsteil **Schönfließ** bewahrte seinen ursprünglichen Charakter als Angerdorf. Die im neoklassizistischen Stil errichtete **Großgaststätte Aktivist** (1953) wurde restauriert und ist Baudenkmal. Eine Besichtigung der **Werksanlagen** der ArcelorMittal Eisenhüttenstadt ist möglich (Anm. über Tourismusverein).

MUSEEN

Das **Städtische Museum** umfasst Stadt-geschichte, Feuerwehr- und Technikmuseum (Löwenstraße 4/Heinrich-Pritzsche-Straße 26, www.museum-eisenhuettenstadt.de; Di.–Fr. 10.00–17.00, Sa. und So. 13.00–17.00 Uhr).
Das **Dokumentationszentrum Alltagskultur DDR** gewährt Einblicke in das Leben einer realsozialistischen Gesellschaft (Erich-Weinert-Allee 3, www.alltagskultur-ddr.de; Di.–So. und Fei. 11.00–17.00 Uhr).

UMGEBUNG

Kloster Neuzelle (Urspr. 1268), im 17./18. Jh. barockisiert, ist eine der wenigen vollständig erhaltenen Klosteranlagen Deutschlands. Im spätgotischen Kreuzgang und im Klausurge-bäude wurde ein Klostermuseum eingerichtet (Stiftsplatz 7, www.neuzelle.de; Mai–Okt. 10.00–18.00, Nov.–April 10.00–16.00 Uhr). Flüs-sige Spezialitäten bietet die Klosterbrauerei (Brauhausplatz 1, www.klosterbrauerei.com; Brauereiführung Mai–Okt. tgl. 13.00 Uhr, sonst nach Abspr. Tel. 03 36 52 81 00).

INFORMATION

Tourismusverein Oder-Region Eisenhütten-stadt, Lindenallee 25,
15890 Eisenhüttenstadt, Tel. 03 36 4 41 36 90,
www.tor-eisenhuettenstadt.de

❸ Guben

Das 1000-jährige Guben (18 000 Einw.) ist zwei-geteilt: Der östl. der Neiße gelegene Stadtteil – das heutige Gubin – kam 1945 zu Polen. Hand-werk, Handel, Schifffahrt und Weinbau waren seit jeher wichtige ökonomische Säulen. Wahr-zeichen ist die zerstörte Stadtkirche in Gubin.

SEHENSWERT

Die Ruine der spätgotischen **Stadt- und Hauptkirche** (1324) gehört zu den imposan-testen Bauwerken Gubins. Die neugotische **Klosterkirche** (1862 geweiht) überstand den Krieg unbeschadet; im Inneren sind Emporen, Kirchendecke und Dachstuhl durch eine Holz-konstruktion miteinander verbunden. Die **Kir-che des Guten Hirten** (20. Jh.) ist ein Jugend-stilbau. Im Ludwig-A.-Meyer-Haus (1898, Neo-renaissance) ist das Deutsch-Slawische Kulturzentrum zu finden (Uferstraße 11). Das **Rathaus** (Urspr. 14. Jh.) wurde im Krieg stark beschädigt und lange restauriert.

MUSEEN

Gunther von Hagens **Plastinarium** befindet sich in einer ehem. Tuchmacherei (Uferstr. 26, www.plastinarium.de; Fr.–So. 10.00–18.00 Uhr). Das **Stadt- und Industriemuseum** informiert über Stadtgeschichte, Hut- und Tuchindustrie (Gasstraße 5, www.museen-guben.de; Di.–Fr. 12.00–17.00, Sa., So. und Fei. 14.00 –17.00 Uhr).

INFORMATION

Touristinformation, Frankfurter Straße 21,
03172 Guben, Tel. 03 56 1 38 67,
www.guben.de

Im Rosengarten in Forst. Zerstörte Pfarrkirche von Gubin. Die extravagante Grabpyramide Pückler-Muskaus in Branitz (im Uhrzeigersinn).

❹ Peitz

Die einst landwirtschaftlich orientierte Stadt (4400 Einw.) ist mit ihren Teichen heute Zent-rum der Fischereiwirtschaft. Vom 16. bis 19. Jh. sorgte ein Eisenhüttenwerk für Lohn und Brot.

SEHENSWERT

Von der urspr. mittelalterlichen Festung blieb nur der **Festungsturm** aus dem 16. Jh. Herz-stück von Peitz ist der **Marktplatz** mit dem neugotisch umgestalteten Rathaus (19. Jh.; auch Haus des Gastes).

MUSEEN

Auf dem Gelände des **Museums Eisenhüt-tenwerk Peitz** befinden sich historische Ge-bäude und fischereiwirtschaftliche Anlagen des **Fischereimuseums** (Hüttenwerk 1, www.peitzer-huettenwerk.de, www.fischerei museum.de; April–Okt. Di.–Fr. 10.00–17.00, Sa./ So. 13.00–16.00 Uhr, sonst kürzer).

UMGEBUNG

Das Urlaubsparadies Schwielochsee lädt zum Baden, Radeln und Wassersport (www.schwie lochsee.de). In **Lieberose** steht eines der größten Barockschlösser (17. Jh.) Branden-burgs. Die Gedenkstätte KZ-Nebenlager Lie-berose dokumentiert die Lagergeschichte (www.die-lager-jamlitz.de; Mai–Sept. Mi. 16.30–17.30, So. 10.00–12.00 Uhr). Der **Tage-bau Jänschwalde** fördert Braunkohle, die im gleichnamigen Kraftwerk verstromt wird.

INFORMATION

Kultur- und Tourismusamt,
Rathaus, Markt 1, 03185 Peitz,
Tel. 03 56 01 81 50, www.peitz.de

❺ Cottbus

Eine Mischung aus Alt und Neu ist charakteris-tisch für das Zentrum der Niederlausitz und die nach Potsdam zweitgrößte Stadt Brandenburgs (99 600 Einw.). Mit der Industrialisierung im 19. Jh. veränderte sich Cottbus zu einer Industrie-stadt, seit 1990 wandelt sie sich zu einem Dienstleistungs- und Wissenschaftszentrum. Neben den erhaltenen Bauwerken im histori-schen Stadtzentrum ist der Branitzer Park von Fürst Pückler-Muskau am Stadtrand die her-ausragende Sehenswürdigkeit.

SEHENSWERT

Den **Altmarkt** mit seinem Marktbrunnen (1991) säumen barocke Bürger- und klassizisti-sche Traufenhäuser (18./19. Jh.). Die **Oberkir-che St. Nikolai** (14. Jh., Spätgotik) am gleich-namigen Platz schmückt im Inneren ein Stern-gewölbe. Auf dem ehem. Schlossberg, dem heutigen Gerichtsberg, erhebt sich der 46 m hohe mittelalterliche **Schlossturm**. Heute be-finden sich hier das neoklassizistische **Land-gericht** (1877) und, etwas unterhalb, das **Amtsgericht** (1907) im Renaissancestil. Die mittelalterliche **Stadtmauer** lässt noch den Grundriss der Altstadt erkennen. Der **Münz-turm** und der 31 m hohe **Spremberger Turm** (13. Jh.; Mi.–Mo. 11.30–18.00 Uhr) – das Wahr-zeichen der Stadt – begrenzen die alte Wehr-anlage. Die gotische ehem. **Klosterkirche** (14. bis 16. Jh., „Wendische Kirche"), ist die älteste Kirche von Cottbus und enthält die Grabplatte des Stadtgründers mit dem noch gültigen Wappentier, dem Krebs. Auf der Mühleninsel befinden sich historische **Gerberhäuser**. Das **Staatstheater Cottbus** im Jugendstil erbaute Bernhard Sehring 1908 (August-Bebel-Straße 2, www.staatstheater-cottbus.de).

MUSEEN

Das **Wendische Museum** informiert über die Sorben (Mühlenstraße 12, www.wendisches-museum.de; Mai–Sept. Mi.–Fr. 10.00–18.00, Sa., So. und Fei. 13.00–18.00 Uhr, sonst kürzer). Ein **Apothekenmuseum** ist am Altmarkt zu finden (www.niederlausitzer-apotheken-museum. de; Führungen Di.–Fr. 11.00 und 14.00 Uhr, Sa. und So. 14.00 Uhr). Das **Kunstmu-seum Dieselkraftwerk** zeigt zeitgenössische Kunst aus Malerei, Skulptur, Fotografie und Grafik (Uferstraße/Am Amtsteich 15, www.mu seum-dkw.de, Di.–So. 10.00–18.00 Uhr). Flug-zeuge aller Art bietet das **Flugplatzmuseum Cottbus** (Fichtestraße 1, www.flugplatzmuse umcottbus.de; März–Okt. Di.–Fr. 10.00–16.00, Sa. und So. 10.00–17.00 Uhr, sonst kürzer).

Parkschöpfungen waren seine Leidenschaft – als Fürst Pückler-Muskau wegen erdrückender Schulden 1845 seinen Besitz in Muskau veräußern musste, zog er auf den Erbbesitz **Branitz** TOPZIEL und verwandelte ihn in ein grünes Paradies. Im Zentrum liegt das spätbarocke Schloss (1772), heute mit Pücklers Wohnräumen Fürst-Pückler-Museum. Einmalig in Europa sind die Pyramiden, die der Fürst aufschütten ließ – im Inneren der Wasserpyramide liegen die Grabstätten Pückler-Muskaus und seiner Frau (Robinienweg 5, www.pueckler-museum.de; Schloss April–Okt. tgl. 10.00–18.00 Uhr, sonst kürzer, Park durchgehend geöffnet).

HOTELS UND RESTAURANTS
Familiär-komfortabel ist das **€ €** / **Altstadthotel** (Bahnhofstraße 57, 03042 Cottbus, Tel. 03 55 35 54 85 0, www.altstadthotel-am-theater.de). Das **€ € Restaurant Cavalierhaus** serviert bodenständige Küche (Zum Kavalierhaus 9, Tel. 03 55 71 50 00, www. cavalierhaus. de, Parkterrasse).

INFORMATION
CottbusService, Stadthalle, Berliner Platz 6, 03046 Cottbus, Tel. 03 55 75 42 0, www.cottbus-tourismus.de

❻ Forst

Bekannt wurde Forst (20 000 Einw.) durch seinen Rosengarten – seit einigen Jahren nennt es sich „Rosenstadt" und feiert am letzten Juni-Wochenende sein Rosenfest. Ab dem 15. Jh. war Tuchmacherei die Haupteinnahmequelle, in den 1930er-Jahren standen hier über 280 Fabriken. Heute produzieren nur noch einige wenige Spinnereien Schmucktextilien.

SEHENSWERT
Im **Ostdeutschen Rosengarten** (1913; 17 ha) gedeihen Zehntausende Rosen aus rund 900 Sorten in einer Parkanlage mit Frühlings-, Dalien- und Duftgarten (www.rosengarten-forst. de; Mai– Sept. 9.00–19.00, sonst 9.00–17.00 Uhr). Der neugotische **Wasserturm** (1903) ist das Wahrzeichen der Stadt. In der **Noßdorfer Wassermühle** (1846) kann die originale Mühltechnik begutachtet werden.

MUSEEN
Eine ehem. Tuchfabrik beherbergt heute das **Brandenburgische Textilmuseum** (Sorauer Straße 37, www.textilmuseum-forst.de; Juni bis Sept. Mo. 9.00–16.00, Di.–Fr. 10.00–17.00, Sa. und So. 14.00–17.00 Uhr, sonst kürzer). Das multimediale Dokumentationszentrum „Archiv verschwundener Orte" ist dem Thema Ortsumsiedlung und Braunkohletagebau gewidmet (An der Dorfaue 9, www.verschwundene-orte.de; Di.–Fr 10.00–17.00, jeden 1. und 3. So. 14.00–17.00 Uhr).

INFORMATION
Touristinformation, Cottbuser Straße 10, 03149 Forst (Lausitz), Tel. 03 56 2 98 93 50, www.forst-information.de

Quer durchs ganze Land

Rund 400 Kilometer umfasst der Spreeradweg zwischen den Quellen des Flusses in der Oberlausitz und der Mündung in die Havel bei Berlin. Viele Höhepunkte liegen an der Strecke – von Umgebindehäusern der Oberlausitz über Bautzen und Cottbus bis zum Wasserlabyrinth des Spreewalds.

Am Anfang steht eine Entscheidung: Welche Quelle soll es sein? Neben der ältesten bekannten Spreequelle bei Eibau nördlich des Zittauer Gebirges sind zwei weitere verzeichnet. Als winziges Rinnsal tritt die Spree am Berg Kottmar in 478 m Höhe ans Tageslicht. Als wilder Bach darf sie auf ihrem ersten Wegstück noch selbstbestimmt mäandern. Radfahrer kommen auf der ersten Etappe des Radweges nicht so zügig voran wie ihr ungebändigter Wegbegleiter: Im Oberlausitzer Hügelland geht es immer wieder steil bergauf, dafür werden die Radler durch abwechslungsreiche Landschaft entschädigt. Ab Bautzen geht es gemächlicher weiter – für viele ein Argument, erst hier mit der Spree-Tour zu beginnen.

Auf die „Stadt der Türme" folgt Natur: zunächst die Oberlausitzer Heide- und Teichlandschaft, später das Lausitzer Seenland – ein Wechsel zwischen üppigem Grün und der Tristesse der Bergbaulandschaft. Einige Seen laden zu Badestopps ein. Gartenfreunde lassen sich zu einem Abstecher in den Branitzer Park verführen. Hinter Cottbus beginnt sich die Spree in die Fließe des Spreewalds zu zerfasern. Nach vier bis fünf Fahrtagen kündigt sich Berlin an, wo die Spree nahe Spandau in die Havel mündet.

Weitere Informationen
Rund zwei Drittel der Strecke verlaufen auf Radwegen, einige Abschnitte auch auf Nebenstraßen, Feldwegen oder Kopfsteinpflaster. Zur Markierung dient ein Logo mit Spree und Brandenburger Tor. Streckenbeschreibung, Adressen und Berichte unter www.spreeradweg.de. Geführte Reisen bieten u. a. die Mecklenburger Radtour (www. mecklenburger-radtour.de).

Der überwiegend asphaltierte Spreeradweg verläuft durch abwechslungsreiche Landschaft.

Land der Baumeister

Architektur in unterschiedlichsten Facetten ist im Dreiländereck mit Polen und Tschechien zu erleben: von den Umgebindehäusern des Zittauer Gebirges bis zu den charakteristischen Hallenhäusern in Görlitz. Die Stadt an der Via Regia gilt als größtes Flächendenkmal Deutschlands. Hermann Fürst von Pückler-Muskau gestaltete im Muskauer Park dagegen lieber Natur – heute eine Welterbestätte.

Hier ist die Natur als Skulptur gestaltet:
Kromlauer Park

Das Schlossvorwerk des Muskauer Parks beherbergt heute Ferienwohnungen und ein Café, in
dem es natürlich auch die nach dem Fürsten benannte Eisvariante gibt.

Im Neuen Schloss ist die Ausstellung über Fürst
von Pückler-Muskau und seine Träume untergebracht.

Die Muskauer Orangerie diente ursprünglich als Winterdomizil großer Kübelpflanzen. Heute ist hier auch die Stiftung untergebracht.

„Ein Park muss wie eine Gemäldegalerie sein, alle paar Schritte soll man ein neues Bild sehen."

Hermann Fürst von Pückler-Muskau

Ein schriller Pfiff hallt durch den Wald, ein Wummern und Dröhnen kommt näher. Dann taucht die Dampflok zwischen den Bäumen auf, eine dicke Rauchwolke über sich. Unter rhythmischem Glockenbimmeln läuft der Zug in den Bahnhof von Weißwasser ein. Kohlenstaub, Dampf und Schienen – diese Essenz lockt jedes Wochenende Scharen von Bahnfans in den Nordosten der Oberlausitz. Auf der Fahrt mit der Muskauer Waldeisenbahn zum Rhododendronpark von Kromlau zieht eine Kiefern- und Heidelandschaft an den Passagieren vorbei. Immer wieder leuchten kleine Seen durch die Bäume, manche grün, andere türkis oder sogar rot gefärbt, abgestorbene Bäume ragen aus dem Wasser. „Das sieht ja aus wie in Kanada", staunt ein Reisender. Doch was an die nordische Tundra erinnert, ist menschengemacht: Restseen des Tagebaus und Relikte einstiger Minenschächte, über denen die Erde absackte und Wälder im Wasser versinken ließ.

Grünes Gesamtkunstwerk

Die Waldeisenbahn steuert auch den bedeutendsten Kulturschatz der Region an: den Fürst-Pückler-Park in Bad Muskau, mit 830 Hektar größter Landschaftspark Mitteleuropas im englischen Stil. 2004 adelte die Unesco die Anlage, die sich Neiße-grenzüberschreitend weit nach Polen hinein erstreckt, als Welterbe. Hermann Fürst von Pückler-Muskau schuf das Gesamtkunstwerk zwischen 1815 und 1845 auf dem Anwesen seiner Familie, spätere Besitzer erweiterten den Park auf seine heutige Größe. Der „grüne Fürst" komponierte den Park wie ein Gemälde: weite Wiesen, Bäche und Teiche, mächtige Bäume und dazwischen der Lauf der Neiße – was natürlich gewachsen scheint, wurde jedoch bis ins kleinste Detail geplant.

Zu Zeiten des Eisernen Vorhangs schlummerte die Anlage einen Dornröschenschlaf: Sichtachsen wucherten zu, Wege verfielen. Die Rekonstruktion des Ensembles stellte eine Herausforderung dar: „Wir werten dafür Luftaufnahmen aus, betrachten historische Fotos, Pläne und Entwürfe", sagt eine Landschaftsarchitektin. „Manchmal sprechen wir auch mit alten Stadtbewohnern, die den Park noch aus ihrer Kindheit kennen." Nach und nach wurden die Sichtachsen wieder frei, zum Beispiel der bühnenhafte Blick vom Platz des einstigen Mausoleums – angeblich einer der Lieblingsorte Pücklers. Rostrot schimmert das rekonstruierte Neue Schloss durch die Bäume, am Berg dahinter ist eine Kirchenruine zu sehen. Die dazwischen liegende Stadt Bad Muskau scheint

Zu den schönen Görlitzer Quartieren gehören die vom Jugendstil geprägte Straßburg-Passage zwischen Berliner Straße und Wilhelmsplatz und der Untermarkt. Er ist das Zentrum der Altstadt, gesäumt von prächtigen Fassaden wie der des roten Schönhofs. Stadt der Türme wird Görlitz auch genannt. Zu den erhalten gebliebenen Türmen der Stadtbefestigung gehört der Dicke beziehungsweise Frauenturm am Marienplatz.

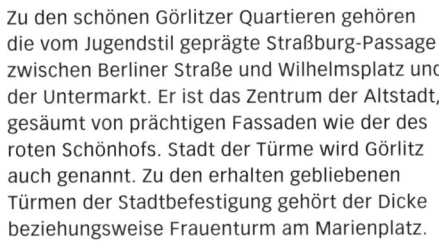

unsichtbar – eines von Pücklers Kunst-
stücken, das den Eindruck erweckt, der
Park sei unendlich.

Bedeutender Brückenschlag

Als ein Meilenstein im Zusammen-
wachsen der deutschen und polnischen
Parkhälfte gilt der Wiederaufbau der im
Krieg zerstörten Doppelbrücke über die
Neiße – steinerner und zugleich symbo-
lischer Brückenschlag zwischen beiden
Nationen. Auch im südlich gelegenen
Görlitz und seiner Schwesterstadt Zgorzelec kam man sich nach dem Fall des
Eisernen Vorhangs wieder näher. Was
mit gemeinsamen Kinder- und Jugend-
projekten begann, entwickelte sich zu einem Modell grenzüberschreitender Kooperation, mit gemeinsamen Stadtrats-
sitzungen, abgestimmter Städteplanung
und zweisprachigen Schulen. Sogar die
Polizei fährt manchmal gemeinsam
Streife. Die Kooperation gipfelte in der
gemeinsamen Bewerbung als Europäische Kulturhauptstadt. Das Ziel wurde
zwar verfehlt – die Zusammenarbeit
aber blieb.

Der Weg dorthin war nicht einfach,
sagt Ulf Großmann, der den Prozess als
Kulturbürgermeister begleitete: „Durch
die unterschiedliche Kommunikations-
kultur gab es immer wieder Reibungs-
momente und Missverständnisse." Die
Deutschen mussten lernen, dass „Vertrauen schaffen" in Polen eine größere
Rolle spielt als Papier und Verträge. „In
der Anfangszeit marschierten die Görlitzer gerne mit fertigen Verträgen über
die Grenze, während die Zgorzelecer ihre
Verhandlungspartner lieber erstmal auf
die Datsche eingeladen und auf Trink-
festigkeit überprüft hätten", schmunzelt
Großmann. „Doch heute wächst unsere
Jugend ganz unbefangen in die neue Re-
alität."

Schönste Stadt Deutschlands

Görlitz gelang nach der Wende noch eine
weitere Verwandlung: die Sanierung des
kompletten Stadtkerns. 90 Prozent der
Gebäude waren zu DDR-Zeiten marode,

Görlitz' Altstadtgassen lohnen schon wegen ihres Detailreichtums einen ausgedehnten Bummel – am Untermarkt warten dann Cafés auf müde Füße.

Vom Turm des über Jahrhunderte immer wieder umgebauten Görlitzer Rathauses geht der Blick auf den Obermarkt, hinter dem der fast 800 Jahre alte Reichenbacher Turm aufragt.

„Görlitz nenne ich die schönste Stadt Deutschlands, weil sie ein geschlossenes erhaltenes historisches Gesamtkunstwerk darstellt (...)."

Prof. Dr. Gottfried Kiesow, 2011 verstorbener Vorsitzender der Deutschen Stiftung Denkmalschutz

nur noch rund 300 Menschen lebten in den letzten bewohnbaren Altstadtinseln. Es fehlten die Mittel, um das Ensemble zu erhalten, das den Krieg nahezu unbeschadet überstanden hatte: rund 4000 Gebäude aus vier Epochen, die heute als größtes Flächendenkmal des Landes unter Schutz stehen. Gotische Kirchen, Bürgerpaläste aus der Renaissance, Stadthäuser aus dem sächsischen Barock, Villen aus der Gründerzeit. Charakteristisch sind auch die „Görlitzer Hallenhäuser": frühere Handelspaläste mit breiten Eingangshallen unter Kreuzgewölben, in denen Pferdefuhrwerke mit Tuch beladen wurden.

Mehr als 170 Millionen Euro flossen seit der Wende in die Städtebauförderung, ein Mehrfaches davon kam aus privaten Mitteln dazu. Manche Stiftungen stritten sogar darum, wer welches Gebäude sanieren durfte. Zum Beispiel das Biblische Haus, dessen Fassade prächtig gestaltete Szenen aus der Bibel schmücken. Noch nie in ihrer Geschichte befand sich die Stadt in einem so herausragenden baulichen Zustand wie heute. Gottfried Kiesow, der jüngst verstorbene Vorsitzende der Deutschen Stiftung Denkmalschutz, nannte sie sogar „die schönste Stadt Deutschlands". Dieser Meinung schlossen sich auch zahlreiche Filmproduzenten an – wo sonst findet

man eine solch intakte Kulisse? Mehr als 70 Filme entstanden schon in Görlitz, teilweise mit mehreren Drehs innerhalb eines Jahres. Für die deutsche Produktion „Goethe" lag mitten im Hochsommer Kunstschnee auf dem Untermarkt und während der Dreharbeiten zu „The Grand Budapest Hotel" logierten internationale Stars wie Ralph Fiennes, Willem Dafoe und Jude Law mehrere Monate in der Stadt. New York, Berlin, Frankfurt, Paris, Heidelberg, München: Das wandelbare Görlitz hat sie alle als Drehort verkörpert – und wird fortan nur noch „Görliwood" genannt.

Kleckerburgen aus Stein

Wenn die Görlitzer zum Ausspannen „in die Berge" wollen, finden sie direkt vor ihrer Haustür das kleinste Mittelgebirge Deutschlands. Klein, aber wild: von Wurzeln umkrallte Steinblöcke, schrundige Platten, brüchige Felsnadeln. Die Formenvielfalt im nur 20 Kilometer langen Zittauer Gebirge mit seinen Säulen, Türmen, Zinnen und Kogeln lässt der Phantasie freien Raum: Dickbäuchige Trolle sind in den Felsmassiven zu erkennen und verspielte Sandburgen. Die Felsen sind beliebt bei Kletterern: An 114 Gipfeln und Massiven können sie sich hier messen. An die darunterliegenden Hänge schmiegen sich kleine Orte wie

Das Zittauer Gebirge lässt sich wunderbar durchwandern
und in Johnsdorf sogar eine Kahnpartie einschieben (rechts).

Jonsdorf, Bertsdorf-Hörnitz und Groß-schönau – jeweils mit mindestens 100 denkmalgeschützten Umgebindehäu-sern, bei denen sich fränkisches Fach-werk mit slawischer Blockhausbauweise verbindet.

Mystischer Berg Oybin

Markanteste Erhebung des Zittauer Gebirges ist der Oybin. Wie ein grauer Dickschädel ragt er mit seiner Birken-behaarung aus dem Wald. Vorbei an der Bergkirche, einem Schmuckstück im Stil des Bauernbarocks, gelangt man in die mittelalterliche Burgruine auf seinem Gipfel. Ein Ort, der mit seiner Mystik viele Maler der Romantik inspirierte – Caspar David Friedrich, Carl Gustav Carus und Ludwig Richter verewigten Szenen aus der gotischen Klosterkirche, dem eichenbestandenen Bergfriedhof und den umliegenden Schluchten.

In den letzten Kriegstagen 1945 wurde der Oybin zum Zufluchtsort für einen der wertvollsten Kulturschätze der Region: die Zittauer Fastentücher. Um das Jahr 1000 erstmals in England erwähnt, waren Fastentücher – auch Hungertücher oder Schmachtlappen genannt – später in ganz Europa verbrei-tet. Während der Fastenzeit verhüllten diese gewaltigen Stoffbahnen den Altar, um den Gläubigen zu sagen: „Ihr habt gesündigt und euch von Gott entfernt. Erst nach der Reinigung dürft ihr das Allerheiligste wieder sehen." Zunächst sehr schlicht gehalten, wurden die Tü-cher im Laufe der Zeit immer aufwändi-ger gestaltet, so auch das Große Zittauer Fastentuch: Ein 56 Quadratmeter großes Werk aus Leinen, mit 90 Tempera-Bil-dern aus der Bibel.

Krimi mit Happy End

Die Geschichte des Kunstschatzes liest sich wie ein Krimi: Mitte des 15. Jahr-hunderts erstmals verwendet, ver-schwand das Fastentuch nach dem 17. Jahrhundert spurlos. 1840 tauchte es hinter einem Regal der Ratsbibliothek wieder auf und wurde mehrfach in Aus-

Die traditionellen Mönchszüge hinauf zur Burg Oybin, Brauch seit mittelalterlichen Zeiten,
werden durch stimmungsvollen Chorgesang gekrönt. Im Tal prägen Umgebindehäuser das Ortsbild.

Seit 1890 verkehrt die Zittauer Schmalspurbahn
zwischen Zittau und Jonsdorf sowie Oybin.
Die 1908 in Dienst gestellte Dampflok im
Bahnhof Bertsdorf ist ein „Erbstück" der
Königlich Sächsischen Staatseisenbahnen.

Ein Bild wie von einer liebevoll gestalteten Modelleisenbahn: Der Kurort
Oybin ist Ausgangspunkt mancher Wanderung im Zittauer Gebirge.

stellungen gezeigt. 1945 brachte man es zum Schutz ins Oybiner Bergmuseum, wo es schließlich sowjetischen Soldaten in die Hand fiel. „Wertloser Plunder", mussten diese sich gedacht haben, denn sie zerrissen und zerschnitten es, um mit den Fetzen eine provisorische Dampfsauna abzudichten. Die Reste ließen sie im Wald liegen. Glück im Unglück: Ein Spaziergänger fand alle vier Teile und brachte sie ins Zittauer Museum.

Heute hängt das Fastentuch in der Zittauer Kirche „Zum Heiligen Kreuz". Die Schäden durch die schlechte Behandlung der Soldaten lassen manche der Szenen wie durch einen Nebelschleiher erscheinen. „Wir haben das Tuch nicht restauriert, sondern konserviert", sagt Volker Dudeck, langjähriger Leiter der Zittauer Museen. „Wir können ihm seine Geschichte schließlich nicht nehmen: Es wurde selbst quasi gekreuzigt und ist wieder auferstanden." Eine Renaissance erlebte auch die dahinterstehende Tradition: In vielen deutschen Kirchengemeinden verwendet man wieder Fastentücher – in moderner Gestaltung.

SAUERGEMÜSE

Spreewälder Königin

„Südfrucht vergeht – saure Gurke besteht". Dieser Kalenderspruch aus dem Jahr 1907 hat unverändert Gültigkeit. Denn ob süß, sauer, gesalzen oder gepfeffert, Spreewälder Gurken sind Wahrzeichen und Verkaufsschlager der Region. Und es werden immer noch neue Rezepte erfunden.

Wie alle Kürbisgewächse blüht auch die Spreewaldgurke sehr dekorativ.

Eine Gurke ist eine Gurke: ein längliches Kürbisgewächs, sechs bis 15 Zentimeter lang. Aber Spreewälder Gurken sind besonders – Gurkenliebhaber sind überzeugt, dass aus der wasserreichen Region zwischen Lübbenau und Schlepzig die frischesten und knackigsten kommen. Die Spreewälder selbst haben ihr bekanntestes Produkt sogar liebevoll mit einem lateinischen Namen geadelt – „Cucumis sativus spreewaldis rex", was übersetzt königliche Spreewaldgurke heißt.

Gurken wurden in der Region seit jeher angebaut, schon die Slawen tüftelten an Rezepten. Aber erst Migranten, holländische Tuchmacher, brachten im 16. und 17. Jahrhundert Anbau und Handel so richtig in Schwung. Am besten gedeihen die grünlichen Früchte in morastigem, humusreichem Boden, bei eisenhaltigem Wasser und feuchtwarmem Klima. Genau diese Bedingungen sind im Spreewald reichlich vorhanden. Daher erbrachte der Anbau auch in vergangenen Jahrhunderten reiche Ernte. So üppig, dass arme Berliner den Winter auch „Saure-Gurken-Zeit" nannten. Dann aßen sie vor allem die vitamin-reiche Frucht aus den Wäldern und Auen an der oberen Spree.

Wasser, Salz, frischer Dill, Zwiebeln und Lorbeerblätter sind die traditionellen Zutaten eingelegter Gurken. Für feinere Marinaden sorgen Ingredienzen wie Basilikum, Zitronenmelisse, Meerrettich oder Wein- und Nussblätter. Immer noch beliebt sind die Klassiker wie saure, Senf- oder Salzgurke. Aber die Käufer greifen auch gerne zu Honig-, Chili-, Pfeffer- und Knoblauchgurken.

„Es soll 120 Rezepte geben, weil es früher auch 120 Bauernhöfe gab", weiß Gurkenexperte Karl-Heinz Sta-rick. Die jeweiligen Mischungen werden von den Herstellern sorgsam gehütet. Der Hotelbesitzer aus dem kleinen Dorf Lehde weiß fast alles über die königliche Frucht. Schon als Schüler verdiente er sich als Gurkeneinleger sein erstes Geld. In den neunziger Jahren begann Starick Holzfässer zu sammeln, in denen die Gurken eingelegt wurden. Jetzt stehen die alten Eichen- und Buchenfässer in seinem Museum. Auch die Wahl der Gurkenkönigin ist Staricks Idee. Jedes Jahr im Juli wählt eine Jury in Lehde eine Spreewälderin zur Königin. Sie muss in original Spreewälder Tracht

Zu den regionalen
Gerichten im Spreewald
gehören Senf- und
Gewürzgurken.

Zu den Spreewälder Klassikern zählen Senf- und Pfeffergurken.

erscheinen und ein Töpfchen mit Gurken mitbringen, die sie nach alten Rezepten eingelegt hat.

Seit 1999 stehen die Spreewälder Gurken sogar unter dem Schutz der Europäischen Union: Ein Herkunftssiegel garantiert, dass im Glas oder in der Konserve auch wirklich eine echte Spreewälder Gurke drin ist. „Mindestens 70 Prozent der Rohware muss aus dem Spreewald stammen, die Verarbeitung muss vollständig hier in der Region erfolgen, und es werden nur frische Kräuter verwendet", erläutert Heidemarie Belaschk von der Firma Spreewald Rabe in Boblitz. bei Lübbenau, einige der Kriterien. Auch in ihrem Betrieb kommen Fenchel, Basilikum, Dill und Meerrettich nur frisch vom Feld in die Dosen. In Konserven gibt es die königlichen Spreewälder erst seit den dreißiger Jahren des vorigen Jahrhunderts. Damals erhitzte man sie zum ersten Mal auf 70 bzw. 80 Grad Celsius. So verkürzte sich der Gärungsprozess, der in den Fässern mehrere Wochen dauerte, und die Hersteller konnten ihre Ware schon nach einem Tag anbieten.

Von allein wachsen die Gurken nicht – das Wetter muss mitspielen. So wurden in der Hitzewelle 2010 die Früchte sehr schnell groß, die Bauern konnten sie nicht rechtzeitig von den Feldern holen. Dann regnete es heftig und die Temperaturen sanken. „Das Ergebnis war eine eher mäßige Ernte", bedauert Heidemarie Belaschk. Einen Gurken-Engpass muss man dennoch nicht fürchten. Denn mittlerweile werden Gurken auf etwa 700 Hektar angebaut. Der Tiefpunkt in den Nachwendejahren, als nur noch kümmerliche Ernten auf den Markt kamen, ist längst überwunden. Und während die Ernte in früheren Jahrhunderten eine mühsame Sache war, erleichtert heute der berühmte „Gurkenflieger" die Arbeit. Die Helfer liegen bäuchlings auf den langen Tragflächen eines Anhängers, der von einem Traktor gezogen wird. Im Liegen pflücken sie die Gurken und legen sie auf ein Förderband, das die Früchte dann zu einem Anhänger transportiert.

Fakten & Informationen

Das gesammelte Wissen über die Spreewälder Gurken wird im **Lehder Gurkenmuseum** vermittelt (An der Dolzke 4/6, Lehde; April–Okt. tgl. 10.00–17.00 Uhr).

Beim Gurkenproduzenten **Spreewald Rabe** werden von 20. Juni bis 20. Sept. Betriebsführungen angeboten (Calauer Straße 2b, Lübbenau, Tel. 03542 89 33 0, www.rabe-gmbh.de; Di., Mi. und Sa. 10.30 Uhr).

Der **Gurkenradweg** führt auf den Spuren des Produktes durch den Spreewald (www.gurkenradweg.de).

Unter der Verwendung
von Senfgurken kann
man köstliches Kürbis-
Chutney zubereiten.

Unterwegs im Dreiländereck

Der Kreuzungspunkt zwischen der uralten Handelstraße Via Regia und der neu gegründeten Via Sacra ist reich an Kulturschätzen – von den Zittauer Fastentüchern über das denkmalreiche Görlitz bis zum Pückler-Park in Bad Muskau. Abwechslungsreich zeigt sich auch das Zittauer Gebirge.

1 Bad Muskau

Die Stadt (3700 Einw.) ist durch den Landschaftspark des Fürsten von Pückler-Muskau (1785–1871) international bekannt. Kurort ist sie dank ihrer Sole- und Vitriol-Quellen sowie Moor-Anwendungen.

SEHENSWERT

Der **Fürst-Pückler-Park** TOPZIEL (1815 bis 1845) erstreckt sich über 830 ha. Blickfang ist das von Schinkel 1834 entworfene **Neue Schloss** im Neorenaissancestil (Parkführungen April–Okt. Sa., So. und Fei. 14.00 Uhr, sonst Sa. 14.00 Uhr). Zum Areal gehören das barocke **Alte Schloss** (Urspr. 14. Jh.; Touristinformation), das **Kavaliershaus** (1772), der Bade- und Bergpark und die **Orangerie** (1847) nach Plänen Gottfried Sempers.

Das Neue Schloss und Büste im Fürst-Pückler-Park in Muskau. Die historische Muskauer Waldeisenbahn verkehrt heute noch (im Uhrzeigersinn).

Tipp

Pückler – die Ausstellung

Als „grünsüchtig" und „parkoman" charakterisierte Hermann Fürst von Pückler-Muskau sich selbst – nur eine von zahlreichen Facetten dieses Schriftstellers und Lebemanns, dem im Neuen Schloss des Muskauer Parks eine Ausstellung gewidmet ist. Hier kann man die romantische Seite des Frauenhelden entdecken, indem man „HörHerzen" für Anekdoten an sein Ohr hält oder sich am „Liebesbrief-o-mat" eine maßgeschneiderte Botschaft liefern lässt. Höhepunkt ist eine Fahrt in einer elektrischen Kutsche durch ein überdimensionales Buch, während Pückler über seine Gartenbauideen spricht.

INFORMATION
Neues Schloss, Bad Muskau, www.muskauer-park.de; April–Okt. tgl. 10.00–18.00 Uhr

UMGEBUNG
5 km westl. liegt der Mitte des 19. Jh. englisch angelegte **Azaleen- und Rhododendrenpark Kromlau** mit seinem Schloss. Passend gelangt man von Bad Muskau mit der **Muskauer Waldeisenbahn** TOPZIEL nach Kromlau (Tel. 03 57 6 20 74 72, www.waldeisenbahn. de; Betriebstage Ende März–Anf. Okt.).

INFORMATION
Bad Muskau-Touristik, Altes Schloss, Schlossstraße 6, Tel. 03 57 71 5 04 92, www.badmuskau.info
Tourismuszentrum Muskauer Park, Neues Schloss, Tel. 03 57 71 6 31 00, www.muskauer-park.de

2 Weißwasser

Das Glasmacherzentrum des 19. Jh., im 16. Jh. noch ein Heidedorf, entwickelte sich in den 1970er- und 1980er-Jahren zur Industriestadt. Die Bevölkerung wuchs auf über 38 000 Einw., fiel in den vergangenen zehn Jahren aber unter 18 000 zurück. Weißwasser ist Ausgangspunkt für Fahrten mit der Waldeisenbahn Muskau.

SEHENSWERT
Städtisches Wahrzeichen ist der **Wasserturm** (1910). Der 30 m hohe **Aussichtsturm** am Schweren Berg (tgl. 10.00–18.00 Uhr) erlaubt einen Blick in den Braunkohletagebau. Die **Waldeisenbahn** (s. Bad Muskau) verkehrt noch heute auf ihrer historischen Strecke.

MUSEEN
Das **Glasmuseum Weißwasser** hat seinen Sitz in der 1925 errichteten Glasfabrikantenvilla Gelsdorf (Forster Straße 12, www.glasmuseum-weisswasser.de; Mo., Di. und Do. 8.00–15.00, Mi. 8.00–17.00, Sa. 13.00–17.00, So. und Fei. 14.00–17.00 Uhr).

UMGEBUNG

Der **Geopark Muskauer Faltenbogen** mit gutem Rad– und Wanderwegenetz ist länderübergreifend (www.muskauer-faltenbogen.de; geführte Wanderungen und Radtouren). Ein Lausitzer Heidedorf spiegelt das Museumsdorf **Erlichthof Rietschen** (www.erlichthofsiedlung.de), in das viele vom Bergbau bedrohte „Schrotholzbauten" umgesetzt wurden.

INFORMATION

Touristinformation, Schmiedestraße 3, 02943 Weißwasser, Tel. 03 57 6 40 44 13, www.touristinfo.stadtverein-weisswasser.de

③ Görlitz

Die östlichste Stadt Deutschlands (54 600 Einw.; Urspr. 12. Jh.) entwickelte sich dank ihrer Lage am Schnittpunkt wichtigster Handelswege und der Mitgliedschaft im Lausitzer Sechsstädtebund (14 Jh.) zu einem Handels- und Wissenschaftszentrum. Im 19. Jh. gewannen Waggon- und Maschinenbau an Bedeutung. Görlitz gilt mit rund 4000 historischen Bauwerken als größtes deutsches Flächendenkmal. Gemeinsam mit der polnischen Partnerstadt Zgorzelec (dem früheren Stadtteil Moys) ist es Europastadt.

SEHENSWERT

Am **Obermarkt** TOPZIEL stehen als Reste der mittelalterlichen Stadtbefestigung **Kaisertrutz** (1490) und **Reichenbacher Turm** (14. Jh.; Mai–Okt. Di.–So. 10.00–17.00 Uhr). In der gotischen **Dreifaltigkeitskirche** (1245) ist ein Marienaltar (um 1515) zu sehen, der nach dem Zuklappen der Flügel zum Passionsaltar wird. Die historische Bruderstraße führt vom Ober- zum Untermarkt mit **Neuem Rathaus** (Urspr. 14. Jh.), barocker **Börse** (1706), dem Renaissance-Bürgerhaus **Schönhof** (1526) und typisch spätbarocken **Görlitzer Hallenhäusern** mit Kreuzgratgewölben. Ebenfalls am Untermarkt finden sich der für seine akustische Besonderheit bekannte **Flüsterbogen**, der **Neptunbrunnen** (1756), die spätgotische **Ratswaage** (1600) und die ehem. **Ratsapotheke** (16. Jh.), heute ein Café. Das **Biblische Haus** (16. Jh.) in der Neißstraße schmückt eine Fassade mit alt- und neutestamentarischen Szenen. Die **Peterstraße** mit Renaissancebauten führt zum **Waidhaus** (12. Jh.), dem ältesten Görlitzer Profanbau, das an den einstigen, für den Wohlstand der Stadt ursächlichen Handel mit diesem Blaufärbemittel erinnert. Daneben erhebt sich die Kirche **St. Peter und Paul** (15. Jh.); in ihr ist die Sonnenorgel (1703) von Eugenio Casparini zu sehen und zu hören (April–Okt. Mo.–Sa. 10.00–18.00, So./Fei. 11.45 bis 18.00 Uhr, sonst kürzer).
Nördl. der Altstadt liegt die Nikolaivorstadt mit der **Nikolaikirche** (1452; April–Okt. tgl. 11.00 bis 17.00 Uhr). Südl. der Altstadt befindet sich ein Gründerzeitviertel mit einem mondänen Jugendstil-**Bahnhofsgebäude** (Anf. 20. Jh.) . Die **Straßburgpassage** (Berliner Straße) und das 2017 wieder öffnende **Jugendstil–Waren-**

Barocke Pracht: Kloster St. Marienthal. Löbaus König-Friedrich-Agust-Turm von 1854.

haus neben der spätgotischen Frauenkirche (1473) am Demianiplatz entstanden Anfang des 20. Jh. Die Altstadtbrücke verbindet Görlitz mit **Zgorzelec.** Auf der polnischen Seite steht am Neißeufer das **Jacob-Böhme-Haus,** das an den Mystiker und Philosophen (1575–1624) erinnert. Die **Oberlausitzer Ruhmeshalle** (1902) wird heute als Kulturhaus genutzt.

MUSEEN

Das **Schlesische Museum** gewährt Einblicke in 1000 Jahre Kulturgeschichte (Brüderstraße 8, www.schlesisches–museum.de; Di.–So. 10.00 bis 17.00 Uhr). Sammlungen des **Kulturhistorischen Museums** sind in Kaisertrutz und Reichenbacher Turm am Platz des 17. Juni zu sehen; u.a. Kunst und Kunsthandwerk des 16. bis 19. Jh im Barockhaus Neißstraße 30 (www.museum-goerlitz.de; Di.–So. 10.00–17.00 Uhr). Das **Senckenberg Museum für Naturkunde** informiert über Evolution, Entstehung der Oberlausitz und seltene Tiere und Pflanzen (Am Museum 1, www.naturkundemuseum-goerlitz.de; Di.–So. 10.00–17.00 Uhr).

VERANSTALTUNGEN

Auch die vielseitigen **Jazztage Görlitz** im Mai wollen Brücken bauen (www.jazztage-goerlitz. de). Volksfeste sind das **Görlitzer Altstadtfest** und das **Jakuby-Fest** in Zgorzelec im Aug. Vorweihnachtsstimmung verheißt der **Schlesische Christkindlmarkt** (Dez.).

HOTELS UND RESTAURANTS

Hinter Mauern aus dem 16. Jh. bietet das € € € € / € € € **Hotel Tuchmacher** auch Fitnessbereich und Restaurant (Peterstraße 8, 02826 Görlitz, Tel. 03 58 1 47 31 0, www.tuchmacher.de). Die € € **Pension Goldene Feder** hat antik eingerichtete Zimmer (Handwerk 12, 02826 Görlitz, Tel. 03 58 1 40 04 03, www.pension-goerlitz.de). Regionale Spezialitäten und hausgebrautes Bier serviert die € € / € **Obermühle** auf ihrer Terrasse an der Neiße (An der Obermühle 5, Tel. 03 58 1 87 98 32, www.obermuehle-goerlitz.de).

UMGEBUNG

Im 15 km südl. gelegenen **Kloster St. Marienthal** in Ostritz (www.kloster-marienthal.de), dem ältesten deutschen Zisterzienser-Frauenkloster (Gründung 1234), sind u.a. der Dreifaltigkeitsbrunnen (1704) und die Kreuzkapelle im Rokoko-Stil (1756 geweiht) interessant.

INFORMATION

Tourist-Information, Obermarkt 33, 02826 Görlitz, Tel. 03 58 1 42 13 62, www.goerlitz-tourismus.de

④ Löbau

Am Ostrand des Lausitzer Berglandes liegt ein weiteres ehem. Mitglied im Sechsstädtebund (16 000 Einw.) mit historischem Stadtzentrum. 2012 fand hier die Sächsische Landesgartenschau statt, deren „Park am Löbauer Wasser" den Dt. Landschaftsarchitektur-Preis errang.

SEHENSWERT

Den **Altmarkt** säumen barocke Bürgerhäuser. Fassadendetails des **Rathauses** (1711) sind zwei Sonnenuhren und das sächsisch-polnische Doppelwappen. Die **Nikolaikirche** (13. Jh.) mit Kreuzrippengewölbe verlor durch einen Umbau (1884/1885) ihre kunstvolle Ausstattung (jetzt im Museum Bautzen). Das denkmalgeschützte **Haus Schminke** (Kirschallee 1b; Do.–So. 12.00–17.00 Uhr) von Hans Scharoun gilt als Leitbau der Moderne. Der gusseiserne **König-Friedrich-August-Turm** entstand 1854 (Mai–Sept. Mo.–Fr. 9.00–20.00, Sa. und So. 9.00 bis 22.00 Uhr, sonst kürzer).

MUSEEN

Im **Oberlausitzer Sechsstädtebund- und Handwerksmuseum** wird u.a. über Stadtgeschichte berichtet (Johannisstr. 3–5, Di.–Do. 10.00–17.00, Fr. 10.00–15.00, Sa. /So. 12.30 bis 17.30 Uhr).

INFORMATION

Tourist-Information, Altmarkt 1, 02708 Löbau, Tel. 03 58 5 45 01 40, www.loebau.de

⑤ Zittau

Die im 13. Jh. gegründete Stadt (21 000 Einw.) mit einem gemütlichen historischen Kern liegt im Dreiländereck von Deutschland, Polen und Tschechien und ist idealer Ausgangspunkt für Touren ins **Zittauer Gebirge** TOPZIEL. Dort lässt es sich gut wandern, radeln und klettern.

Eine Hotelalternative

In luftiger Höhe übernachten, sich vom Blätterrauschen in den Schlaf wiegen lassen, von der Sonne geweckt werden, das kann man im Baumhaushotel der Kulturinsel Einsiedel, einem alternativen Freizeitpark auf dem Gelände eines einstigen Waldbauernhofs. Acht Baumhäuser in 8–10 m Höhe sind durch Stege mit einer Feierplattform verbunden. Hartgesottene stellen sich nach dem Aufstehen unter die eiskalte „Höhen-Schock-Dusche" mit „Freilufttrocknung".

INFORMATION
Kulturinsel Einsiedel,
02829 Neißeaue-Zentendorf,
Tel. 03 58 91 4 91 13,
www.kulturinsel.com

SEHENSWERT
Am **Markt** sind das klassizistische **Rathaus** (1843), der **Rolandsbrunnen** (1585), das barocke **Alte Amtsgericht** (1678) und barocke Bürgerhäuser zu finden. Die beiden ungleichen Türme der **St.-Johannis-Kirche** (1291, Wiederaufbau 1837 nach Schinkels Entwürfen) erheben sich nördl. des Marktplatzes. Der auch Salzhaus genannte **Marstall** (1511) beherbergt heute eine kleine Einkaufspassage. Der **Heftterbau** (17. Jh.) mit seinem prächtigen Spätrenaissancegiebel entstand als Teil des ehemaligen Franziskanerklosters. An der **Fleischerbastei** (1633) befindet sich eine Blumenuhr.

MUSEEN
Das Große Zittauer Fastentuch (1472) ist im **Museum der Kirche zum Heiligen Kreuz** zu besichtigen (Frauenstraße 23; April–Okt. tgl. 10.00–17.00, Nov.–März Di.–So. 10.00–17.00 Uhr). Das Kleine Zittauer Fastentuch (1573), einziges Fastentuch mit Arma–Christi–Darstellung (lat. „Waffen Christi") in Deutschland, hängt im **Kulturhistorischen Museum Franziskanerkloster** (Klosterstraße 3; Di.–So. 10.00–17.00 Uhr).

HOTELS UND RESTAURANTS
Im Bergland und in Grenznähe liegt das € € / € **Hotel Hubertusbaude** (An der Lausche 4, 02799 Waltersdorf, Tel. 03 58 41 67 33 0, www.hotel-im-naturpark.de). Am Zittauer Marktplatz steht das € € **Hotel Dreiländereck** (Bautzener Straße 9, 02763 Zittau, Tel. 03 58 3 55 50, www.hotel-dle.de).
Oberlausitzer Speisen serviert das € **Wirtshaus zum Alten Sack** im Zittauer Marstall (Neustadt 47, Tel. 03 58 3 54 04 59, www.zumaltensack.de).

INFORMATION
Tourist-Information,
Rathaus, Markt 1,
02763 Zittau, Tel. 03 58 3 75 22 00,
www.zittau.de

Genießen   Erleben   Erfahren

DuMont Aktiv

Unterwegs im Muskauer Park

„Radfahren verboten!", „Wiese betreten verboten", solche Schilder wird man im Muskauer Park nicht finden – der Park darf zu Fuß, mit dem Fahrrad, standesgemäß in der Kutsche und sogar per Boot erforscht werden.

Mit dem Boot über die Lausitzer Neiße? Zu Zeiten des Eisernen Vorhangs war das streng verboten. Umso erfreulicher ist eine Bootstour heute, gilt der Fluss doch als besonders naturbelassen. Per Schlauchboot lässt sich die Neiße erleben – und mit ihr die Wasserseite des Muskauer Parks. Zweistündige Fahrten beginnen an der alten Wehranlage in Bad Muskau. Im Park geht es vorbei an Pücklerstein und Prinzenbrücke und danach bis ins polnische Zarkie Wielkie für den Transfer zurück.

Gemächlicher lässt sich der Park beim Spaziergang erleben. Das kann zur Herausforderung werden, umfasst das Wegenetz des Pücklerparks doch rund 50 km. Zum Glück gibt es Kutschen: Deutsche und polnische Fuhrunternehmer fahren mit Kremsern und Kutschen durch den Park. Der „grüne Fürst" selbst empfahl Besuchern dieses Transportmittel.

Für Radler steht im Schlossvorwerk ein Fahrradverleih mit Werkstatt bereit. Die Wege des Parks lassen sich auch in längere Radtouren einbauen, zum Beispiel bei einer Reise auf dem Froschradweg, dem Oder-Neiße-Radweg oder Fürst-Pückler-Weg.

Weitere Informationen

Leihräder bietet Fahrrad-Nowak im Schlossvorwerk (Tel. 03 57 71 60 46 0; April–Okt. tgl. 10.00–18.00 Uhr). Kutschfahrten offeriert auf deutscher Seite u. a. Reit- und Fahrtouristik N&N (Tel. 01 77 316 16 33, www.reit-fahrtouristik-gablenz.de) und der Reiterhof zum Tannengrund (Tel. 03 57 71 /63950, www.reiterhof-lisk.de). Bootstouren sind bei Neiße Tours buchbar (Büro im Schlossvorwerk, www.neisse-tours.de).

Der sich zu beiden Seiten der Neiße erstreckende Fürst-Pückler-Park gehört zum UNESCO-Welterbe.

Heimat der Sorben

Zwischen dem „Land der 1000 Teiche" und dem Oberlausitzer Bergland pflegen Sorben überlieferte Traditionen. Ihre „Hauptstadt" ist Bautzen, einst Mitglied im historischen Sechs-Städte-Bund und nach der Wende eindrucksvoll saniert. In Kamenz kann man den Spuren des jungen Gotthold Ephraim Lessing folgen.

Die Tracht der Sorben weist viele regionale Unterschiede auf. Getragen wird sie meist nur noch an Festtagen.

In der Energiefabrik Knappenrode lässt sich die Technik der Gründerzeit in Aktion erleben.

Das Kamenzer Forstfest geht auf ein Ereignis in der Hussitenzeit zurück. Anlässlich dieses Volksfestes wird auch das Rathaus geschmückt.

Haupterereignis des Kamenzer Forstfestes ist der Umzug der Kamenzer Schüler.

Zum denkmalgeschützten Kern Hoyerswerdas gehört die Lange Gasse, in der einst vor allem Handwerker gelebt haben.

Kamenz ist das westliche Tor zum Land der Sorben, die ihre Traditionen und ihr Brauchtum bis in heutige Zeit lebendig halten konnten.

Die Sonne kämpft noch. Nur hin und wieder dringen erste Strahlen durch den Nebel, dann werden sie von dichten Schwaden verschluckt. Spätsommer in der Oberlausitz. Das Schilf steht wie festgemeißelt. Erst bei längerer Beobachtung ist Leben zu entdecken: ein Fisch, der aus dem Wasser schnellt und wieder zurück plumpst; eine Ente, die gemächlich über das Nass treibt. „Dort sitzt ein Seeadler", flüstert Naturwacht-Leiter Herbert Schnabel, der mit einem Spektiv die Baumwipfel absucht. Fasziniert blicken die Teilnehmer der Entdeckungstour der Reihe nach durch den Sucher auf den Greifvogel, der auf einer alten Eiche nach Beute Ausschau hält. Er dürfte es nicht allzu schwer haben, einen dicken Frühstückshappen zu erwischen: In den mehr als 1000 Teichen des von Hoyerswerda, Bautzen und Niesky gebildeten Dreiecks tummeln sich Zander, Hecht, Wels und Schleie, sogar seltene Steinbeißer und Bachneunaugen. Und hin und wieder taucht einer der possierlich wirkenden Fischotter auf. Besonders zahlreich kommt der Karpfen vor: Schon im 13. Jahrhundert legten die Menschen in den Flussauen und Sümpfen der Region erste Fischteiche an, Anfang des 18. Jahrhunderts dann entstand eine kommerzielle Teichwirtschaft.

Seit 1996 steht ein Teil dieser Kulturlandschaft im Biosphärenreservat Oberlausitzer Heide- und Teichlandschaft unter Schutz. Das Konzept schließt die Menschen der Region ausdrücklich mit ein – Ziel ist es, gemeinsam zu einer Modellregion in nachhaltigem Wirtschaften zu werden. Herbert Schnabel setzt sich regelmäßig mit den Teichwirten an einen Tisch, um über Fischdichte, Artenschutz und Schilfschnitt zu verhandeln. Wasserläufe werden renaturiert, Fischtreppen angelegt und Feuchtgebiete gepflegt. Und die Maßnahmen tragen Früchte: Im Reservat sind viele Pflanzen und Tiere heimisch, die anderswo nicht mehr existieren. Sogar der Seeadler, einst fast ausgerottet, ist zurückgekehrt. Rund zwanzig Seeadlerpaare brüten hier – mit die höchste Dichte in Deutschland. Dreizehn Stationen und Aussichtspunkte vermitteln Eindrücke von ihrer Lebensweise

Den Tieren geht es zweifellos gut, doch gleichzeitig wollen auch die Teichwirte ihr Auskommen haben. „Am Anfang war die Zusammenarbeit mit dem Naturschutz nicht leicht", berichtet Karsten Ringpfeil, der in vierter Generation Karpfen züchtet. „Inzwischen haben wir aber ein gutes Verhältnis. Ohne uns gäbe es diese Kulturlandschaft schließlich überhaupt nicht." Die hohe Zahl

Fischotter gehören seit jeher zur Oberlausitzer Teichlandschaft – hier im Zoo von Görlitz.

Auch der ausgedehnte Lausitzer Findlingspark in Nochten – nördlich des Bärwalder Sees gelegen – ist ein gelungenes Rekultivierungsprojekt des Braunkohlentagebaus.

Es ist dem Bärwalder See nicht mehr anzusehen, dass er das geflutete Restloch des Tagebaus Bärwalde darstellt.

Als drittgrößtes Gewässer des Lausitzer Seenlands hat der Bärwalder See touristische Bedeutung.

Gotthold Ephraim Lessing

Special

Mit Lessing durch Kamenz

Für Goethe war er „der höchste Verstand". Seine Stücke erfreuen sich bis heute ungebrochener Beliebtheit, allen voran „Nathan der Weise", „Minna von Barnhelm" und „Emilia Galotti". Über 1200 Straßen und Plätze in Deutschland tragen seinen Namen: Gotthold Ephraim Lessing (1729–1781) gilt als Wegbereiter des Deutschen Nationaltheaters und bedeutender Vertreter der Aufklärung.

Im Kamenzer Lessing-Museum

Am 22. Januar 1729 wurde Lessing in Kamenz geboren. „Wo ich meine Jugend vergnügt zugebracht", schrieb Lessing in einem Brief über seine ersten zwölf Lebensjahre in der damals von einer Mauer umgürteten Kleinstadt mit rund 200 Häusern. Auf einem Spaziergang kann man dem einstigen Schulweg des Dichters folgen, ausgehend von der einstigen Stätte seines Geburtshauses neben der Marienkirche bis zum Lessing-Haus, in dem heute sein Leben und Werk dokumentiert sind. Nebenan stand die Lateinschule, in der Lessing seine humanistische Grundausbildung erhielt und zum ersten Mal mit dem Theater in Berührung kam – gegen den Willen seines Vaters, der als orthodox eingestellter evangelischer Pastor die Bühne leidenschaftlich verdammte. Geholfen hat es nichts: 1747 schrieb Lessing sein erstes Theaterstück.

Bautzen liegt im Sorbenland – zweisprachige Beschilderungen weisen darauf hin. Die Reichenstraße führt zum gleichnamigen Stadtturm. Am Hauptmarkt steht das barocke Rathaus.

Die Bautzener Schlossstraße säumen gastliche Stätten.

Die Altstadt Bautzens lässt den einstigen Reichtum der Stadt erahnen.

an Fischfressern unter den geschützten Tierarten sieht er berufsbedingt etwas kritisch. „Wir beschweren uns aber erst, wenn es zu krassen Ungleichgewichten kommt – wie beim Kormoran, der uns die Teiche leerfrisst."

Drei Sommer braucht ein Karpfen, bis er in den Verkauf kommt – jeden Herbst zwischen September und November wird abgefischt. Ein Event, das die Region in den Lausitzer Fischwochen feiert, mit Fischfesten und Fischrezepten auf vielen Speisekarten. Dann gibt es Karpfen satt: „blau", gebacken, gegrillt oder geräuchert. Sogar Seeadler & Co. bekommen ihren Anteil an der Ausbeute: Bei jedem Abfischen sitzen die Greifvögel auf den umliegenden Bäumen, um sich hin und wieder einen Fisch zu krallen.

Hauptstadt der Sorben

Die Teichlandschaft gehört neben dem Zittauer Gebirge und dem Lausitzer Bergland zu den prägenden Naturformen der Oberlausitz. Im Mittelalter war Bautzen die Hauptstadt der Region, wichtigstes Zentrum der Oberlausitzer Sorben blieb „Budyšin" bis heute – überall in der Region sind Orts- und Straßennamen auf Sorbisch und Deutsch ausgeschildert. Die Story von den Touristen, die sich angesichts der fremden Sprache schon in Polen wähnen und verschreckt den

Rückweg antreten, wird überall als Running Gag erzählt. Ein Grund mehr, sich in Bautzen über das slawischstämmige Volk zu informieren oder eine ihrer Kulturveranstaltungen zu besuchen – hier haben der Sorbische Rundfunk, der Sorbische Künstlerbund, der Bund Sorbischer Gesangsvereine, das Sorbische Museum, das Deutsch-Sorbische Volkstheater und das Sorbische Nationalensemble ihren Sitz. Eine beeindruckende Anzahl von Institutionen für das nur noch maximal 60 000 Menschen zählende Volk – Tendenz abnehmend.

„Die Pflege unseres Brauchtums hat wieder stark an Bedeutung gewonnen", berichtet der junge Sorbe Beno Scholze im Sorbischen Kulturinstitut, der wichtigsten Anlaufstelle für Informationen über das Volk. Viele der Traditionen sind heidnischen Ursprungs und wurden erst später mit christlichen Inhalten angereichert, wie die Vogelhochzeit, eine Feier, die auf alten Opferriten beruht, oder das Bemalen der Ostereier mit symbolträchtigen Ornamenten.

Beno Scholze ist „Osterreiter". Jedes Jahr am Ostersonntag tragen die Männer seines Dorfes die Botschaft von der Auferstehung in die Nachbargemeinden, auf geschmückten Pferden und festlich gekleidet mit Gehrock und Zylinder. „Dann sitzen wir alle den ganzen Tag im

17 Türme und Bastionen umgeben Bautzens seit 300 Jahren kaum veränderten Altstadtkern. Am bekanntesten ist die Alte Wasserkunst über der Spree, Wasserwerk und Befestigungsanlage zugleich.

Das Sorbische Museum in Bautzens Salzhaus präsentiert als Sorbisches Nationalmuseum alle Lebensbereiche und zeigt natürlich auch sorbische Kunst.

Bautzens bis auf das 13. Jahrhundert zurückgehender Dom St. Petri dient seit der Reformation in Sachsen als römisch-katholische und evangelisch-lutherische Simultankirche.

Bautzen ist als historische Hauptstadt der Oberlausitz auch das Zentrum der Sorben.

Seit dem 13. Jahrhundert leben im Kloster Marienstern Zisterzienserinnen. In alter Tradition pflegen sie Klostergarten und Kräuterkunde auch für Gäste, die außer mit meditativer Ruhe auch mit Klosterbier verwöhnt werden.

Der Westen der Lausitz ist Pfefferkuchenland. Seit Jahrhunderten ist es Pulsnitzer Privileg, Lebkuchen zu backen.

Schloss Rammenau brachte seinem Erbauer kein Glück – noch vor der Fertigstellung war er 1744 zahlungsunfähig.

In der Westlausitz folgt das Leben noch katholischen und sorbischen Traditionen.

Sattel – mein Vater und meine vier Brüder", sagt Scholze.

Das Erbe der sechs Städte

Nicht nur in den Dörfern, auch in Bautzen wird das Osterreiten gefeiert. Ein prächtiges Spektakel vor der Kulisse der historischen „Stadt der Türme". Insgesamt 17 Türme und Bastionen prägen die Silhouette der Stadt, die sich in den letzten tausend Jahren kaum verändert hat. Wahrzeichen ist die Alte Wasserkunst, die über dem Flusstal der jungen Spree thront. Der Altstadtkern umfasst rund 1300 Baudenkmale – Barock, Rokoko und Jugendstil prägten die Fassaden. Mehr als 85 Prozent wurden seit der Wende saniert. „Die Sorgfalt, mit der dabei vorgegangen wurde, verdanken wir auch den warnenden Stimmen unserer Partnerstädte Heidelberg und Worms, nichts kaputtgehen zu lassen", sagt Martin Pasch, der die Sanierung als Vertreter des Altstadtvereins begleitete. „Wir haben mit Argusaugen aufgepasst, dass bei der Sanierung keine „Hindernisse" wie zum Beispiel historische Gewölbe heimlich beseitigt wurden, um schneller fertig zu werden."

Die reich verzierten Bauten sind ein Erbe des Mittelalters, als der Handel die Stadt reich machte. Bautzen liegt nicht nur an der Via Regia, der uralten Heer-

und Handelsstraße zwischen West- und Osteuropa, sondern schloss sich auch im Jahr 1346 mit Görlitz, Kamenz, Löbau, Zittau und dem heute polnischen Lauban zum Sechs-Städte-Bund zusammen, um gemeinsam gegen Wegelagerer und Raubritter vorzugehen. Ein Bündnis, das allen Beteiligten sichere Straßen und beträchtlichen Wohlstand bescherte. Erst 1815 löste sich der Bund im Zuge der Aufteilung der Lausitz auf dem Wiener Kongress auf. Nach der Wende wurde er zu neuem Leben erweckt – nicht als politisches Bündnis, sondern als Kooperation in Tourismus, Sport und Kultur.

"STASI-KNAST"

Ein Kapitel für sich

Der Name Bautzen steht bis heute für staatliche Willkür und politische Verfolgung: In den beiden Strafanstalten der Stadt inhaftierten die Nazis, die Sowjets und die DDR politische Gefangene – zuletzt im berüchtigten „Stasi-Knast". Eine Gedenkstätte erinnert auf bedrückende Weise daran.

Viele werden sprachlos, ziehen sich zurück. Bei anderen fließen Tränen. Manche schaffen es erst gar nicht über die Schwelle. Wenn ehemalige Häftlinge der Strafanstalt Bautzen II an den Ort zurückkehren, an dem sie Monate oder Jahre – meist aus politischen Gründen – inhaftiert waren, sehen sie sich mit dem Trauma ihres Lebens konfrontiert. „Jedem Ex-Häftling, der seinen Besuch ankündigt, bieten wir die Begleitung durch einen Mitarbeiter an", sagt Susanne Hattig, Sprecherin der Gedenkstätte Bautzen. „Die meisten ziehen es jedoch vor, diesen Gang alleine anzutreten."

„Bautzen", das bedeutet „Knast" – jeder Stadtbewohner kennt den Blick, den er im Rest der Republik erntet, wenn er seinen Herkunftsort nennt. Der Name ist auch zwanzig Jahre nach der Wende noch mit staatlicher Willkür verbunden. Anfang des 20. Jahrhunderts errichtet, dienten die beiden Strafanstalten Bautzen I und II zunächst den Nationalsozialisten, später den sowjetischen Besatzern und zuletzt dem DDR-Regime als Stätte für militärischen Drill und harte Bestrafung, Folter und Psychoterror. In der jüngeren Geschichte stand vor allem das nahe dem Stadtzentrum gelegene Bautzen II, der „Stasi-Knast", für den unsäglichen Umgang der DDR mit Andersdenkenden.

Für gezielte Sonderhaft

Im Jahr 1956 richtete das Ministerium für Staatssicherheit hier eine Sonderhaftanstalt ein – für Oppositionelle, Ausreisewillige, Fluchthelfer, Spione und abtrünnige MfS-Mitarbeiter. Nominell blieb das Haus dem Innenministerium unterstellt, der Einfluss der Stasi bis zur Wende geheim. Das Gelände war verrammelt, Fenster zugenagelt oder übermalt. Da man bei den Häftlingen mit Überzeugungsarbeit nur wenig ausrichten konnte, wurde versucht, sie psychisch zu brechen. Nicht nur mit jahrelanger Isolation, sondern auch mit willkürlich vorgenommenen Bestrafungen für kleinste Vergehen oder Regelverletzungen.

In den einstigen Zellen, der Isolationsstation und dem Arrestbereich sehen die Besucher heute Zeitzeugenvideos und lesen die Biografien von Inhaftierten. Zum Beispiel von „Tunnel-Dieter", dem Einzigen,

Bautzen I, das „Gelbe Elend", ist nach wie vor Justizvollzugsanstalt für männliche Häftlinge. Bautzen II, der „Stasi-Knast" ist heute Gedenkstätte.

Ehemalige Insassen „erzählen" ihr Schicksal, das in Bautzen ohne jegliche Privatsphäre bleiben musste.

dem je die Flucht aus Bautzen II gelang. Der West-Berliner Fluchthelfer löste 1967 die bis dahin größte Fahndungsaktion der DDR aus, wurde festgenommen, erneut verurteilt und 1972 von der Bundesrepublik freigekauft. Oder von Georg Dertinger, der 1953 als Ost-CDU-Mitglied und Außenminister der DDR in Ungnade fiel und wegen angeblicher Verschwörung samt Familie abgeurteilt wurde.

Kurz nach der Wende, im Dezember 1989, wurden alle politischen Gefangenen freigelassen, zwei Jahre später schloss Bautzen II endgültig. Es ist vor allem dem Engagement ehemaliger Häftlinge zu verdanken, dass der Freistaat Sachsen hier 1993 eine Gedenkstätte einrichtete. Jedes Jahr zum Tag des offenen Denkmals erzählen einige von ihnen aus dem Gefängnisalltag. Sie verhalfen den Forschern der Gedenkstätte auch zu vielen Erkenntnissen über die Abläufe und die Funktionsweise der Haftanstalt, die mit mehr als 100 000 Besuchern im Jahr zu den meistfrequentierten Orten der Region zählt.

Fakten & Informationen

· ·

Besichtigung & Führung
Gedenkstätte Bautzen
Weigangstraße 8a
Tel. 03591 4 04 74,
www.gedenkstaette-bautzen.de;
Mo.–Do. 10.00–16.00, Fr. 10.00–20.00, Sa., So. und
Fei. 10.00–18.00 Uhr,
Führungen Fr. 17.00, Sa., So. und Fei. 14.00 Uhr

Führungen der besonderen Art

Ungewöhnliche Entdeckungen

Die Bewohner von Spreewald und Lausitz hüten einen reichen Erfahrungsschatz aus Kohleabbau und DDR-Geschichte, sorbischer Kultur, Küche und Natur. Viele von ihnen teilen ihr Wissen bei geführten Touren – von Exkursionen ins Wolfsrevier bis zu Abstechern in den Tagebau.

5

4

1 Wandern zu Wölfen

Die Wölfe sind zurück! Die ersten Spuren der einst ausgerotteten Tiere wurden Mitte der 1990er-Jahre entdeckt. Zunächst kamen nur einzelne Wölfe aus Polen in die Lausitz, heute leben hier mehrere Rudel. Der ausgebildete Naturführer Stephan Kaasche hält Vorträge über Wölfe und führt Exkursionen in ihr Revier. Buchbar sind verschiedene Touren sowie Ausflüge auf dem neu angelegten Wolfs-Radwanderweg.

Die wilde Lausitz, Alte Gartenstraße 15, 02977 Hoyerswerda, Tel. 03 57 1/49 88 58 8, www.wolfswandern.de

2 Fahrtraining in der Geröllwüste

Nur wenige Landschaften in Deutschland erfüllen die Bedürfnisse echter Offroad-Fans: Schlaglöcher und Querrillen, steile Abhänge und tiefe Sandflächen – Bedingungen, die im einstigen Tagebau gegeben sind. Eine zweitägige Fahrtraining-Safari beginnt mit einer Grundelemente-Schulung und führt dann in die Wüste zwischen den Abraumhalden.

Buchung der zweitägigen „Abenteuertour" bei Lausitz-Safari, Schulstraße 11, 01968 Senftenberg, Tel. 01 60 /78 14 45 0, www.lausitzsafari.de

3 Kulinarisch durch den Spreewald

Gurken kommen aus dem Spreewald, ebenso Leinöl, Gemüse und Obst. Auf geführten Radtouren kann man den Spuren der Besiedelung der Region folgen – und lernt dabei den Alten Fritz kennen, auf den der Obstanbau zurückgeht. Man schaut einem Schnapsbrenner über die Schulter, wenn er Haselnussgeist oder Kräuterlikör aus Blutwurz herstellt, und wird Zeuge, wie frisches Leinöl aus der Mühle tropft.

Spreescouts, Nordweg 7, 03096 Burg, Tel. 03 55 /49 46 45 00, www.spreescouts.de

4 Stahlgiganten bei Nacht

Die Maschinen im Tagebau Welzow Süd haben gigantische Dimensionen. Hier ist noch eine über 500 Meter lange Förderbrücke mit ihren Eimerketten im Einsatz, unterstützt von mehreren Großbaggern. So beeindruckend der Anblick bei Tage ist, umso mächtiger wirkt die Anlage bei Nacht mit besonderer Beleuchtung. Nur zweimal im Jahr wird eine exklusive Tour im Mannschaftstransportwagen in den aktiven Tagebau angeboten, wo schon die illuminierte Technik wartet.

Bergbauverein Welzow, Heinrich-Heine-Straße 2, 03119 Welzow, Tel. 03 57 51 /275050, www.bergbautourismus.de

5 Radtour zu Spreewälder Blockhäusern

Verwitterte Bohlen, perfekt ineinander gefügt: Der Spreewald blickt zurück auf eine reiche Tradition des Blockhausbaus. Drei dieser mehr als 100 Jahre alten historischen Bauernhöfe stehen im Mittelpunkt einer geführten Radtour (oder Wanderung). Nach der Theorie folgt die Praxis: Die Teilnehmer lernen, wie man nach einer alten Spreewälder Rezeptur den Lehm anmischt und in einer Blockbohlenwand eine Lehmfuge setzt.

Dauer 3,5 Stunden, Spreescouts, Nordweg 7, 03096 Burg, Tel. 03 55 /49464500, www.spreescouts.de

Lübbenauer
Gurkentour

9

6

Berlin Frankfurt/O.
Brandenburg
Wittenberg
8 Spree
6 3
Cottbus POLEN
SPREEWAL
LAUSITZ 5 4
7 1
2 Hoyerswerda
Sachsen
9 Görlitz
Dresden Elbe Neiße
Oder
Elbe
Mulde

TSCHECHISCHE
REPUBLIK

6 Lübbenauer Gurkentour

Gurken in vielen Varianten sind die Spezialität des Spreewalds. Fans des Gemüses können dem Weg der Gurke auf einer geführten Radtour folgen: Wo werden sie geerntet? Wie werden sie eingelegt? Und wie haben die Gurkenbauern einst gelebt? Diese Fragen stehen im Mittelpunkt der Fahrt von einer Einlegerei über das historische Dorf Lehde mit seinem Gurkenmuseum bis zur „Gurkenmeile" in Lübbenau. Unterwegs darf natürlich ausgiebig verkostet werden!

Ganztagestour (ca. 7 Std., 30 km), Mai–Sept. ab Spreewald-Touristinformation Lübbenau, Ehm-Welk-Str. 15, 03222 Lübbenau, Tel. 03 54 2/88 70 40, www.luebbenau-spreewald.com; eigenes Fahrrad mitbringen!

7 Sorbische Kultur

Viele Museen dokumentieren Vergangenheit und traditionelle Lebensweise der sorbischen Bevölkerung. Doch wie sieht die moderne, gelebte Kultur der Sorben aus? Eine Natur- und Landschaftsführerin zeigt Gästen in dreistündigen Touren den 400 Jahre alten Ort Bergen bei Hoyerswerda und führt über ihren Heidehof mit Scheune in Blockbauweise und Bauerngarten.

Naturschutzgroßprojekt Lausitzer Seenland, Am Anger 36, 02979 Elsterheide-Bergen, Tel. 03 57 1/60 48 50, www. ngp-lausitzerseenland.de

8 Sagen-Kahnfahrt

Der Spreewald mit seinen Mooren und Sümpfen hatte schon immer eine mystische Atmosphäre. In einer nebligen Dämmerstunde kann man sich gut vorstellen, wie die Bludniki, kleine Irrlichter, verirrten Kindern durch die Wildnis den Weg nach Hause leuchten – aber auch, wie sie böse Menschen in die Irre führen. Nur eine von vielen Sagen, die auf einer speziellen Kahnfahrt für Familien erzählt werden.

Spreewald-Touristinformation Lübbenau, Ehm-Welk-Str. 15, 03222 Lübbenau, Tel. 03 54 2/88 70 40, www. luebbenau-spreewald.com.

9 Filmstadt Görlitz

Schon zu DDR-Zeiten war Görlitz mit seinem historischen Stadtzentrum eine beliebte Filmkulisse der DEFA – in den 1950er-Jahren entstand hier der erste Spielfilm. Nach der Wende hat Hollywood die Stadt für sich entdeckt. Die Oscar-Verleihung 2014 mit vier Auszeichnungen für „Grand Budapest Hotel" rückte Görlitz mit einem Schlag ins Licht der Weltöffentlichkeit. Weite Teile dieses Films wurden hier gedreht, so verwandelte sich das historische Jugendstil-Warenhaus in die Hotellobby.

Ein zweistündiger Rundgang folgt den Spuren der Filmgeschichte. Zu sehen sind zum Beispiel Drehorte von „In 80 Tagen um die Welt" mit Jackie Chan, „Goethe!" mit Moritz Bleibtreu, „Inglourious Basterds" von Quentin Tarantino und „Der Vorleser" mit Kate Winslet, die für ihre Rolle ebenfalls einen Oscar gewann. Unterwegs sehen die Teilnehmer der Tour zahlreiche Fotos von den Dreharbeiten und noch vorhandene Kulissen. Und vielleicht stoßen sie dabei auf ein Filmteam bei der Arbeit.

Touristbüro i-vent, Obermarkt 33, 02826 Görlitz, Tel. 03 58 1/42 13 62, www.goerlitz-tourismus.de

Krabats Reich

Aus der Heimat der Sagengestalt Krabat stammen Persönlichkeiten wie der Dichter Gotthold Ephraim Lessing und der Computerpionier Konrad Zuse. Geschichtsträchtige Städte wie Bautzen und Kamenz sind in eine Jahrhunderte alte Kulturlandschaft eingebettet. Und dank der Arbeit von Lebkuchenbäckern und Fischzüchtern kommt auch das leibliche Wohl nicht zu kurz.

❶ Hoyerswerda

Das einstige Handwerkerstädtchen aus Alt- (Urspr. 13. Jh.) und Neustadt (1950er-Jahre) war zweite „sozialistische Großstadt" nach Eisenhüttenstadt und mit dem Braunkohlekombinat „Schwarze Pumpe" verbunden. Entgegen seinem Ruf als Plattenbaustadt überrascht es (34 100 Einw.) mit einem hübschen Altstadtkern.

SEHENSWERT

Altstadtzentrum ist der **Marktplatz** mit barocken Bürgerhäusern, dem Renaissance-**Rathaus** (1449), der kursächsischen Postmeilensäule (1730) und dem Sorbenbrunnen. Ältestes Gebäude ist das im 13. Jh. errichtete und 1592 nach einem Stadtbrand im Renaissancestil wieder aufgebaute **Schloss Hoyerswerda**. Daneben liegen Schlosspark und Zoo (April bis Okt. 9.00–18.00, sonst 10.00–17.00 Uhr). In der denkmalgeschützten **Langen Straße** (18. Jh.) waren einst viele Handwerker ansässig.

MUSEEN

Das **Stadtmuseum** im Schloss dokumentiert Stadtgeschichte und Sorbisches (Schlossplatz 1, www.museum-hy.de; April-Okt. tgl. 9.00 bis 17.00 Uhr, sonst kürzer). Der junge Konrad Zuse hatte 1928 in Hoyerswerda sein Abitur abgelegt; ihm zu Ehren gibt es das **Zuse-Computermuseum** (D.-Bonhoeffer-Straße 1–3, www.zuse-computer-museum.com, z.Zt. im Umbau).
Dampfturbinen, Pressen, Trockner, Förderbänder lassen sich auf dem „FabrikErlebnisRundgang" im **Sächsischen Industriemuseum Energiefabrik Knappenrode** bestaunen. (Ernst-Thälmann-Straße 8, Knappenrode, www.energiefabrik-knappenrode.de, Di.–So. 10.00 bis 18.00 Uhr).

UMGEBUNG

Die **Krabatmühle Schwarzkollm** ist der filmbekannten sorbischen Sagenfigur gewidmet (Koselbruch 22, Schwarzkollm, www.krabat-muehle.de, April–Okt. tgl. 10.00–18.00 Uhr, sonst kürzer).
Königswartha an der Schwarzwasser (4000 Einw.) wurde 1350 erwähnt. Das klassizistische Schloss Königswartha (1780) beherbergt heute eine Fachschule für Binnenfischer.

Marktplatz von Hoyerswerda. Industriemuseum Energiefabrik Knappenrode. Oberlausitzer Heidelandschaft (im Uhrzeigersinn).

Im **Biosphärenreservat Oberlausitzer Heide- und Teichlandschaft** kann man wandern und Rad fahren, u. a. auf dem neuen Seeadler-Rundweg über 13 Stationen (www.biosphaerenreservat-oberlausitz.de). Bauernhöfe, Teichwirtschaften und Imkereien produzieren regionale Spezialitäten, u. a. der Teichwirt Ringpfeil (www.ringpfeil.de) und weitere Produzenten (www.lausitz-schmeckt.de).

INFORMATION

Tourist-Information Lausitzer Seenland, Schlossergasse 1, 02977 Hoyerswerda, Tel. 03 57 1 90 41 00, www.hoyerswerda.de und www.lausitzerseenland.de

❷ Kamenz

Die Geburtsstadt G. E. Lessings (1729–1781) und des Malers Georg Baselitz (*1938) erlangte im Mittelalter durch ihre Lage an der Via Regia und ihre Mitgliedschaft im Oberlausitzer Sechsstädtebund Wohlstand. Ein Rundgang auf Lessings Spuren führt quer durch das historische Zentrum der 15 000-Einw.-Stadt.

SEHENSWERT

An den Dichter erinnern das **Lessing-Museum** (1931), die **Lessing-Gedenkstätte** (ehem. Standort von Lessings Vaterhaus, 1863), die **Hauptkirche St. Marien** (um 1400–15. Jh.) und Lessings einstiger Schulweg. Am Marktplatz befindet sich das nach dem Stadtbrand neu erbaute Neorenaissance-**Rathaus** (1848). Im Ratskeller des benachbarten **Hotels Goldner Hirsch** (1550) fand 1729 Lessings Tauffeier statt. Acht spätgotische **Flügelaltäre** in der Hallenkirche St. Marien (1479), der ehem. Franziskanerklosterkirche St. Annen (1499) und der St.-Just-Kirche am Friedhof (13. Jh.) haben den nachreformatorischen Bildersturm überstanden. Auf dem Gelände von St. Marien steht die 1358 gestiftete **Katechismuskirche** mit wertvoller Bauernmalerei.

MUSEEN

Das **Lessing-Museum** informiert über Leben und Werk des Dichters (Lessingplatz 1–3, www.lessingmuseum.de; Di.–Fr. 9.00–17.00, Sa., So. und Fei. 13.00–17.00 Uhr). Das **Museum der**

Westlausitz im Malzhaus und im Ponickauhaus beherbergt Sammlungen aus Zoologie und Archäologie (Pulsnitzer Straße 16, www.museum-westlausitz.de; Di.–So. und Fei. 10.00 bis 18.00 Uhr). Das **Sakralmuseum** in der Klosterkirche St. Annen zeigt neu entdeckte Wandmalereien und fünf Schnitzaltäre (Schulplatz 5; tgl. 10.00–18.00 Uhr).

HOTEL

Direkt am Markt liegt das € €/ € € € **Hotel Goldener Hirsch** in einem 450 Jahre alten Gebäude, eigenes Restaurant (Markt 10, 01917 Kamenz, Tel. 03 57 87 83 50, www.hotel-kamenz.de).

UMGEBUNG

Der **Hutberg** (297 m) mit seinem großzügigen Bergpark ist der Hausberg der Kamenzer. In **Panschwitz-Kuckau** hat das ab 1720 barockisierte **Zisterzienserkloster St. Marienstern** (Urspr. 13. Jh.) mit Abteikirche, Klosterschatzkammer und Lehrgarten seinen Sitz.

INFORMATION

Kamenz-Information,
Schulplatz 5, 01917 Kamenz,
Tel. 03 57 8 37 92 05,
www.kamenz.de/tourismus

Tipp

Sorbisch Tafeln

„Witajce k nam!" – mit einem sorbischen „herzlich Willkommen" wird jeder Gast mitten in Bautzens Altstadt in Empfang genommen. Sorbische Rezepte prägen auch die Speisekarte in dem 600 Jahre alten Natursteingewölbe des „Wjelbik": Hochzeitssuppe mit Eierstich, Fleischklößchen und Gemüsestreifen zum Beispiel oder sorbische Rinderrouladen mit Kalbfleischfüllung. „Wir haben in der Region nur karge Böden, deshalb sind Wurzelgemüse und Meerrettich typische Beilagen", sagt Wirtin Veronika Mahling. Auch der Abschiedsgruß ist natürlich sorbisch: „Bozemje!"

RESTAURANT WJELBIK
Kornstraße 7, Bautzen
Tel. 0 35 91/4 20 60, www.wjelbik.de

③ Pulsnitz

Eingebettet zwischen Schwedenstein, Eierberg und Keulenberg liegt die „Pfefferkuchenstadt" (7600 Einw.) Pulsnitz, Geburtsort des Bildhauers Ernst Rietschel (1804–1861) und des Grafikers Klaus Staeck (*1938). Alte Handwerkstraditionen wie Blaudruck und Pfefferkuchenherstellung blieben hier über viele Jahrhunderte erhalten.

Blick vom Hutberg, dem Kamenzer Hausberg. Wasserspiele im Park von Schloss Rammenau bei Bischofswerda.

SEHENSWERT

Der unter Denkmalschutz stehende **Marktplatz** bildet das Zentrum. Den Ratskeller des **Alten Rathauses** (um 1555) mit Renaissance-Giebel decken alte Kreuzgewölbe. Vor dem Rathaus steht das Denkmal des Bildhauers Rietschel. Die Stadtverwaltung hat ihren Sitz im angrenzenden neuen Rathaus (im Eingangsbereich Deckenmalereien von ca. 1840); Schmuckstück ist der Ratssaal. Auf dem Marktplatz steht eine Kopie des Marktbrunnens von 1797. Die **Stadtkirche St. Nicolai** (15. Jh.) mit Rietschel-Gedächtnis-Kapelle fiel Bränden zum Opfer; ihr spätgotisches Schiff und die barocke Innenausstattung blieben erhalten. Als Wasserburg errichtet, wurde das **Alte Schloss** (16. Jh.) mehrfach umgebaut. Der angrenzende Schlosspark ist zur Rhododendronblüte besonders sehenswert. Im Ortsteil **Oberlichtenau** befindet sich das Barockschloss (um 1730) mit seinem Festsaal und Parkanlage.

MUSEEN

In der **Galerie im Geburtshaus Ernst Rietschels** (Rietschelstraße 16; Do., Fr. , So.14.00–17.00 Uhr) sind wechselnde Kunstausstellungen zu sehen. Der Stadt Pulsnitz und seinem traditionellen Handwerk ist das **Stadtmuseum** gewidmet (Goethestraße 20a; Di.–Fr. 13.00–17.00, So. 14.00–17.00 Uhr). Die **Pfefferkuchenschauwerkstatt** gibt Einblick in die Pfefferküchlerei um 1900 (Am Markt 3; Di.–Fr. 10.00–17.00, So. 14.00–17.00 Uhr).

VERANSTALTUNGEN

Von überregionaler Bedeutung ist der **Pfefferkuchenmarkt** (Anfang November).

INFORMATION

Pulsnitz-Information, Am Markt 3,
01896 Pulsnitz, Tel. 03 59 55 4 42 46,
www.pulsnitz.de.

④ Bischofswerda

Das westliche Tor zur Oberlausitz (12 000 Einw.) wurde 1227 erstmals erwähnt.

SEHENSWERT

Am neu gestalteten **Altmarkt** stehen das klassizistische Rathaus (1818), der Paradiesbrunnen und Bürgerhäuser. Die katholische **Kirche St. Benno** (1924) im Art-Déco-Stil bildet zu-

---

sammen mit dem Pfarrhaus ein sehr harmonisches Ensemble.

UMGEBUNG

Das barocke **Schloss Rammenau** (1737) nordw. von Bischofswerda gilt mit seinen Chinoiserien und klassizistischem Räumen als eine der schönsten Schlossanlagen Sachsens. Es dient Musikveranstaltungen als stimmungsvolle Kulisse und bietet fürstliche Gastronomie (www.barockschloss-rammenau.com; Sommer April–Okt. tgl. 10.00–18.00, Nov.–März Mi.–Mo. 10.00–16.00 Uhr). Südl. von Bischofswerda liegt das **Lausitzer Bergland**. Seine höchste Erhebung ist der Valtenberg (586 m). **Schirgiswalde** mit vielen Umgebindehäusern zieht sich durch ein enges Tal; in der Barockkirche St. Mariä Himmelfahrt (18. Jh.) sind die alten Heiligenfiguren und die Eule-Orgel sehenswert.

INFORMATION

Bürger- und Tourismusservice Bischofswerda, Altmarkt 1, 01877 Bischofswerda, Tel. 03 59 4 78 61 40, www.bischofswerda.de

⑤ Bautzen

Die 1000-jährige Hochburg der Sorben in der Oberlausitz (39 900 Einw.) liegt auf einem Felsplateau über der Spree. Das Mitglied des Sechsstädtebundes profitierte einst von seiner Lage an wichtigen Handelsstraßen. Bautzen ist als Verwaltungs- und Industriestandort wirtschaftliches Zentrum der Region. Überregional bekannt ist der Bautz'ner Senf. Neben der Gedenkstätte im ehem. Stasi-Gefängnis ist vor allem die historische Altstadt interessant.

SEHENSWERT

Mittelpunkt der **Altstadt** ist der **Hauptmarkt** mit dem Gewandhaus (1883) im Neorenaissance-Stil und dem barocken Rathaus (1705). Der

Dom St. Petri am Fleischmarkt ist die älteste Simultankirche Deutschlands (frühes 13. Jh.; April–Okt. Mo.–Sa. 10.00–17.30, So. 13.00 bis 17.00 Uhr, sonst kürzer); nördl. liegt das Domstift (1507) mit **Domschatzkammer** (An der Petrikirche 6; Mo.–Fr. 10.00–12.00, 13.00–16.00 Uhr). Die Häuser der **Schlossstraße** weisen auf der Nordseite noch Renaissancestil auf; auf der Südseite wurden sie um 1700 bereits im Barockstil errichtet. Durch das Haupttor des spätgotischen Matthiasturms betritt man die im 15. Jh. spätgotisch neu errichtete **Ortenburg** mit dem Denkmal des ungarischen Königs Corvinus (1486) und dem Rietschelgiebel (1840) an der Vorderseite des Burgtheaters. Von der Friedensbrücke gut einsehbar sind das Wahrzeichen Bautzens, die **Alte Wasserkunst** (1558), ein Schöpfwerk zur Versorgung der Stadt mit Spreewasser, sowie die **Michaeliskirche** (nach 1429). Unterhalb des Ensembles steht eines der ältesten Häuser der Stadt, das **Hexenhäusel** (um 1605). Die Reichenstraße führt zum **Reichenturm** (1718), dem „Schiefen Turm der Lausitz".

MUSEEN

Das **Museum Bautzen** (u. a. Kunstsammlung) ist das Regionalmuseum der Oberlausitz (Kornmarkt 1, www.bautzen. de; April–Okt. Di.–So. 10.00–18.00 Uhr, sonst kürzer). Das **Sorbische Museum TOPZIEL** informiert über Geschichte und Kultur der Sorben (Ortenburg 3, www.sorbisches-museum.de, Di.–So. 10.00–18.00 Uhr). Die **Sorbische Kulturinformation** berichtet über das sorbische Volk, seine Bräuche und Sprache (Postplatz 2, www.ski.sorben.com). Die Alte Wasserkunst ist heute ein **Technisches Museum** (Wendischer Kirchhof 2, www.altewasserkunstbautzen.de; April–Okt. tgl. 10.00–17.00 Uhr, sonst kürzer).

VERANSTALTUNGEN

Das **Oberlausitzer Genussfestival** (Juni/Juli), lässt mit allen Sinnen regional genießen. Der **Lausitzer Musiksommer** ist der sorbisch-deutschen Kulturregion gewidmet (Juli/Aug. in geraden Jahren, wieder 2016). **Lausitzer Fischwochen** begleitet das Abfischen (www.lausitzer-fischwochen.de; Sept.–Nov.).

HOTEL UND RESTAURANTS

Mittelalterlich dekoriert ist der **€ Mönchshof** (Burglehn 1, Tel. 03 59 1 49 01 41, www.moenchshof.de), winzig und familiär die **€ Casa del Vino** (Schlossstraße 13, Tel. 01 62 462 21 98, www.casadelvinomilazzo.com; Terrasse).

UMGEBUNG

Im Saurierpark in **Kleinwelka** sind 200 Saurier zu bestaunen (www.saurierpark.de; April–Okt. tgl. 9.00–18.00, Juli und Aug. tgl. 9.00–19.00 Uhr). Nahebei liegt ein faszinierender Irrgarten (Am Wasserturm 14, www.irrgarten-kleinwelka.de; Mitte Mai–Okt. tgl. 9.00–18.00 Uhr).

INFORMATION

Tourist-Information, Hauptmarkt 1, 02626 Bautzen, Tel. 03 59 1 4 20 16, www.bautzen.de

Genießen   Erleben   Erfahren

DuMont Aktiv

Naturerlebnis im Seenland

Die Naturwacht des Biosphärenreservats Oberlausitzer Heide- und Teichlandschaft veranstaltet Seminare, führt auf Tierpirsch, macht Kinder mit der Natur vertraut und hat sogar Wölfe im Angebot.

Das Lagerfeuer prasselt, krachend springen ein paar Funken durch die Luft. Plötzlich ein Flattern, ein Schatten saust durch die sternenklare Nacht, dann ein zweiter. „Die Jagd beginnt", sagt der Ranger – die Fledermäuse gehen auf Futtersuche. Wer die Tiere erleben möchte, muss selbst nachtaktiv sein und sich einem Ranger der Naturwacht anvertrauen. Die Wildhüter entführen Gäste auf Touren in die Welt der Libellen und Amphibien, ins Reich des Seeadlers, zur Raupensuche und zum Frühlingserwachen der Schmetterlinge. Auch Kräuterwanderungen, Heilpflanzenworkshops und Pilzbestimmungskurse sind Teil des Programms.

Viele Angebote vermitteln praktische Kenntnisse: Besucher lernen Obstbäume zu veredeln, Vogelhäuser und sogar Möbel zu bauen oder essbare von ungenießbaren Pilzen zu unterscheiden. Für Kinder gibt es spezielle Thementage, an denen sie mit Kescher und Lupe die Artenvielfalt erforschen und unterm Sternenhimmel übernachten. Ein besonderer Höhepunkt ist eine Exkursion auf den Spuren der Wölfe, von denen ein Rudel in die Region um den Daubaner Wald zurückgekehrt ist. Auf diesem ehemaligen Truppenübungsplatz befindet sich auch ein kleines Gehege mit Elchen. Diese „nordischen Riesen" sollen das Gelände von unerwünschtem Bewuchs freihalten.

Weitere Informationen

Jahreszeitlich variierendes Programm mit Exkursionen, Wanderungen und Vorträgen, vieles davon kostenfrei (www.biosphaerenreservat-oberlausitz.de). Eine ideale Anlaufstelle ist das Informationszentrum „Haus der 1000 Teiche" (www.haus-der-tausend-teiche.de).

Der Herbst ist Pilzzeit in der Oberlausitz. Um sicher zu sein, welcher Pilz essbar ist und welcher nicht, nimmt man am besten an einem Kurs der Naturwacht teil.

Zweisprachigkeit überall (o.). Senf gehört zu den lokalen Spezialitäten (o.re.). Karpfenabfischen in den Peitzer Fischteichen (u.re.).

Service

Das ABC der regionalen Küche, die wichtigsten Geschichtsdaten und Adressen – hier sind Grundinformationen zum Spreewald und zur Lausitz zusammengestellt.

Anreise

Mit dem Auto: Aus Richtung Süden erreicht man die Oberlausitz mit Bautzen und Görlitz/Zgorzelec auf der Autobahn A 4 über Dresden. Am Dreieck Dresden Nord zweigt die A 13 in Richtung Spreewald/Niederlausitz ab. Das Kerngebiet des Spreewalds erstreckt sich entlang der A 13 und entlang der A 15 („Spreewaldautobahn"). Die A 15 zweigt am Autobahndreieck Spreewald von der A 13 ab und verläuft in östlicher Richtung über Vetschau und Cottbus bis nach Forst. Reisende aus dem Norden Deutschlands fahren über Berlin. Am Schönefelder Kreuz zweigt die Autobahn A 13 vom Berliner Ring in Richtung Spreewald/Lausitz ab. In die Region um Eisenhüttenstadt gelangt man über die A 12 in Richtung Frankfurt/Oder (Abzweig vom Berliner Ring ab Dreieck Spreeau).
Mit der Bahn: Regionalzüge der Deutschen Bahn (DB) in den Spreewald sowie nach Cottbus, Görlitz, Bautzen und Zittau fahren zum Teil stdl. ab Dresden, Leipzig und Berlin. Günstige Angebote für Fahrten im Nahverkehr sind die Ländertickets der DB für Berlin-Brandenburg und Sachsen, das Schönes-Wochenende-Ticket und das Quer-durchs-Land-Ticket. Auf den Strecken Cottbus–Forst, Cottbus–Zittau über Görlitz, Görlitz–Hoyerswerda und Görlitz–Bischofswerda verkehren die Wagen der Ostdeutschen Eisenbahn (ODEG), für die Ländertickets ebenfalls gültig sind. Die Mitnahme von Fahrrädern ist in Nahverkehrszügen möglich – sofern Platz ist (Informationen und Fahrkarten unter www.bahn.de und www.odeg.info).
Mit dem Flugzeug: Die nächstgelegenen Flughäfen sind Dresden, Berlin und Leipzig-Halle, mit Verbindungen in alle größeren Städte.

Auskunft

Überregional: TMB Tourismus-Marketing Brandenburg GmbH, Am Neuen Markt 1, 14467 Potsdam, Tel. 03 31/200 47 47, www.reiseland-brandenburg.de
Tourismus Marketing Gesellschaft Sachsen, Bautzner Straße 45/47, 01099 Dresden, Tel. 03 51 49 17 00, www. sachsen-tourismus.de
Regional: Tourismusverband Spreewald, Lindenstraße 1, 03226 Vetschau-Raddusch, Tel. 03 54 33 7 22 99, www.spreewald.de
Tourismusverband Niederlausitz, Frankfurter Straße 2, 03149 Forst, Tel. 03 56 2 692 35 35, www.niederlausitz.de
Marketing-Gesellschaft Oberlausitz-Niederschlesien, Tzschirnerstraße 14a, 02625 Bautzen, Tel. 03 59 1 4 87 70, www.oberlausitz.com
Tourismusverband Lausitzer Seenland, Schlossergasse 1, 02977 Hoyerswerda, Tel. 03 57 1 45 68 10, www.lausitzerseenland.de. Sowohl die regionalen als auch die überregionalen Tourismusverbände halten u.a. umfangreiches Informations- und Kartenmaterial für Wanderungen und Radtouren bereit, sind bei der Zimmervermittlung behilflich, geben Veranstaltungs- und Restauranttipps und informieren über Sehenswürdigkeiten und Kultur.

Dialekt und Sprache

Häufig sind in Ober- und Niederlausitz zweisprachige Straßen- und Hinweisschilder zu finden – auf Sorbisch und Deutsch. Das Sorbische zählt in Deutschland zu den Minderheitensprachen, es unterteilt sich in Obersorbisch (Oberlausitz, ca. 13 000 Sprecher) und Niedersorbisch (Niederlausitz, ca. 7000). Im Gesetz zur Ausgestaltung der Rechte der Sorben in Brandenburg von 1994 heißt es: „Die sorbische Sprache, insbesondere das Niedersorbische, ist zu schätzen und zu fördern. Der Gebrauch der sorbischen Sprache ist frei."
Neben dem Deutschen und dem Sorbischen hört man in der Lausitz zwei Dialekte, die wiederum in mehrere Unterdialekte zerfallen: Niederlausitzisch wird um Cottbus und Hoyerswerda gesprochen und kommt dem Hochdeutschen recht nahe. Die Oberlausitzer Mundart hingegen unterscheidet sich deutlich vom Hochdeutschen. Charakteristisch ist das rollende „R", und sie gilt als schwer erlernbar, denn sie muss „an oagebuhr'n senn" („sie muss einem angeboren sein"). Gesprochen wird sie zwischen Bischofswerda und Zittau mit zum Teil sehr eigenen Bezeichnungen wie „Abern" oder „Apern" für Kartoffeln.

Essen und Trinken

Preiskategorien

€ € € €	Hauptspeisen	über 35 €
€ € €	Hauptspeisen	25 – 35 €
€ €	Hauptspeisen	15 – 25 €
€	Hauptspeisen	bis 15 €

Pilgerstation an der Via Regia bei Kamenz

Via Regia: Rund 45 Jahre dauerte die Trennung der Görlitzer Stadthälften durch den Eisernen Vorhang – ein kurzer Zeitraum, verglichen mit der Jahrhunderte währenden Bedeutung der Stadt im Kreuzungspunkt mittelalterlicher Handelswege. 1252 wurde die Königliche Straße erstmals erwähnt, die Frankfurt am Main mit Krakau verband, mit Verbindungen bis nach Spanien und in die Ukraine. Über Jahrhunderte war sie die bedeutendste Landroute zwischen Ost- und Westeuropa, entlang derer Handels-
niederlassungen und bedeutende Wirtschaftszentren entstanden. 2005 wurde die Route zur „Europäischen Kulturstraße" umgewidmet, der man in Sachsen dank neuer Beschilderung bequem folgen kann.

Die Lausitzküche ist von der sorbischen, böhmischen, schlesischen, thüringischen und fränkischen Küche beeinflusst und eher deftig, wobei auch Fisch und zunehmend vegetarische Gerichte auf den Speisekarten zu finden sind. In letzter Zeit besann man sich im Sinne von Slowfood wieder auf regionale Produkte, und die Verarbeitung von heimischen Fischen und Gemüse gewann stark an Bedeutung.
In der Spreewälder Küche wird die Gurke als Salat, Suppe, Schmor- und Dillgurke zubereitet und mit Kartoffeln, frischem Quark und Leinöl gereicht. In Spreewälder, Ober- und Niederlausitzer Restaurants isst man gerne auch Karpfen, Hering, Hecht, Zander und Wels. Meerrettichsauce, Hefeplins (eine Art Pfannkuchen) mit Apfelmus, Abernmauke (Stampfkartoffeln/Kartoffelbrei) mit Gurkensalat sind ebenso typisch für die Region wie Rouladen, Wildgerichte, Braten mit Klößen und die Oberlausitzer Teichelmauke (Kartoffelbrei mit gekochtem Rindfleisch, Brühe und Sauerkraut).
Süffig ist das dunkle Bier der Neuzeller Klosterbrauerei. Die Bergquell-Brauerei in Löbau braut mehr als zehn Biersorten, die Stadtbrauerei Wittichenau 13, eines davon ist das Krabat-Pils, und der Landskron-Brauerei in Görlitz kann man sogar einen Besuch abstatten (An der Landskronbrauerei 16, Tel. 03581/465142, www.landskron.de; Führungen mit Brau-Museum nach Vereinb.). Kräuterliköre und Kümmel werden in Oybin und Löbau gebrannt.
Eine kleine **Restaurant-Auswahl** ist auf den Info-Seiten dieses DuMont Bildatlas vorgestellt.

Kulturrouten

Via Sacra: Klöster, Kirchen und Kapellen – die Region zwischen Oberlausitz, Niederschlesien und Nordböhmen blickt auf eine lange gemeinsame Glaubensgeschichte zurück. Zittau und seine beiden Fastentücher bilden den Ausgangspunkt einer neuen grenzüberschreitenden Kulturroute, an der bedeutende sakrale Architektur und Kunst zu entdecken sind. Die rund 550 km lange Heilige Straße (www.viasacra.info) umfasst 16 Stationen in Deutschland, Polen und Tschechien, darunter beispielsweise die Herrnhuter Bruder-Unität, den St.-Petri-Dom in Bautzen und das Kloster St. Marienstern.

Daten & Fakten

Fläche und Bevölkerung: Die Region Spreewald/Lausitz erstreckt sich zwischen dem Süden Berlins und dem Dreiländereck Deutschland–Tschechien–Polen. Der nördliche Teil der Lausitz – Spreewald und Niederlausitz – gehört zu Brandenburg, der südliche Teil – die Oberlausitz – überwiegend zum Freistaat Sachsen. Die Neiße bildet die Grenze zwischen dem deutschen und dem polnischen Teil der Lausitz. Ausläufer der Lausitz ziehen sich nach Polen in die Woiwodschaften Lebus und Niederschlesien. Das Kerngebiet der Spreewaldregion umfasst eine Fläche von 475 km² mit rund 50 000 Einw. Der Wirtschaftsraum Spreewald hingegen ist geografisch weiter gefasst, er schließt Cottbus mit ein und zählt rund 263 000 Einw. Der Spreewald ist Teil der Niederlausitz, die 9400 km² bedeckt und 450 000 Einw. zählt mit den Landkreisen Oberspreewald-Lausitz und Spree-Neiße sowie Teilen der Landkreise Elbe-Elster, Dahme-Spreewald und Oder-Spree. Die Oberlausitz erstreckt sich über 4500 km² und umfasst die Landkreise Bautzen und Görlitz mit 620 000 Einw. und den kleinen südlichen Teil des Landkreises Oberspreewald-Lausitz. Hauptstadt und Verwaltungszentrum ist Bautzen, Görlitz die größte Stadt der Oberlausitz. Beide Regionen haben mit Abwanderung zu kämpfen: Lebten 1981 beispielsweise in Hoyerswerda noch 72 000 Menschen, sind es heute nur noch 34 100. Ähnliches gilt für Görlitz und Cottbus.
Natur: Die Niederlausitz ist verhältnismäßig flach und von Wäldern und Äckern, Endmoränen, Seen- und Heidelandschaften geprägt. Der Braunkohletagebau bestimmt diese Region seit dem 19. Jh. Durch die Rekultivierung stillgelegter Tagebaue entsteht zurzeit das Lausitzer Seenland, Europas größte künstliche Seenlandschaft, und mit Naherholungs- und Naturschutzgebieten. Das Landschaftsbild des Spreewalds ist eiszeitlich geprägt. Mehr als 300 Wasserarme mit einem rund 1500 km umfassenden Wass-
erwegenetz durchziehen die bewaldete Auen- und Flusslandschaft. Ein großer Teil der 48 000 ha großen Fläche wird landwirtschaftlich genutzt – davon 70 % von ökologischem Landbau.
Die flache Oberlausitzer Heide- und Teichlandschaft bestimmt das Landschaftsbild der nördlichen Oberlausitz. Weiter südlich geht das Relief in hügeliges Gelände über, an das sich das Lausitzer Bergland anschließt. Das Zittauer Gebirge – höchste Erhebung ist die Lausche mit 793 m – ist Teil des überwiegend in Tschechien liegenden Lausitzer Gebirges.
Wirtschaft: Zu DDR-Zeiten war die Lausitz vor allem als Energiezentrum bedeutend. Die Braunkohlegewinnung, ihre Verstromung und Verarbeitung in zahlreichen Industriebetrieben prägten die Region. Daneben waren Textil- und Glasindustrie traditionell wichtig. Die Wende führte in allen Bereichen zu starken Einbrüchen mit damit verbundener hoher Arbeitslosigkeit und Abwanderung. Auch 20 Jahre nach der Deutschen Einheit ist die Arbeitslosenquote noch überdurchschnittlich hoch – je nach Landkreis liegt sie zwischen sechs und 14 %.
In der Niederlausitz stellen Braunkohletagebau und Energiegewinnung bis heute wichtige Wirtschaftszweige dar. Wichtige Einnahmequelle des Spreewalds ist der Tourismus, der auch im Lausitzer Seenland zunehmend an Bedeutung gewinnt. Die Oberlausitz setzt neben dem Fremdenverkehr auf Schlüsselbranchen wie Energietechnik, Maschinenbau, Textilindustrie, chemische und Nahrungsmittelindustrie. Große Arbeitgeber sind Siemens und Bombardier.
Auch als Wissenschaftsstandort spielt die Region eine zunehmende Rolle: In der Lausitz haben die Brandenburgische Technische Universität Cottbus-Senftenberg (BTU), die Hochschule Zittau/Görlitz sowie das Internationale Hochschulinstitut Zittau als wissenschaftliche Einrichtung der TU Dresden ihren Sitz.

Info

Taucher am Grabendorfer See.

*Der Spreewald wird zunehmend
von Radlern geschätzt.*

Info

Geschichte

10 000 v. Chr.: Die Weichsel-Eiszeit formt im heutigen Spreewald eine Auen- und Fluss-landschaft.

1300–500 v. Chr.: Die bronze- bzw. später eisenzeitliche nordosteuropäische Lausitzer Kultur hinterlässt Spuren in der Region.

ab 6. Jh.: Slawische Völker besiedeln die Lausitz.

1002: Erste Erwähnung Bautzens.

1071: Erste Erwähnung von Görlitz.

1234: Gründung des noch bestehenden Zisterzienserinnen-Klosters St. Marienthal und 1248 des Klosters St. Marienstern.

1346: Sechsstädtebund zwischen Bautzen, Görlitz, Kamenz, Lauban, Löbau und Zittau.

1367: Verkauf der Niederlausitz an das Königreich Böhmen.

ab 14. Jh.: Zunehmende Besiedelung des Spreewalds, erste Rodungen.

ab 1517: Ausbreitung der Reformation. Bis auf Kloster Neuzelle Auflösung aller Klöster in der Niederlausitz.

1558: Pfefferkuchenprivileg für Pulsnitz.

1635: Im Prager Frieden zwischen Kaiser und katholischer Liga einerseits und Kursachsen andererseits kommen Ober- und Unterlausitz an das Kurfürstentum Sachsen.

1722: Gründung der pietistischen Herrnhuter Brüdergemein(d)e.

1815: Auf dem Wiener Kongress wird die nachnapoleonische Welt geordnet. Die Niederlausitz und die nördliche Oberlausitz fallen an Preußen, der Sechsstädtebund wird aufgelöst. Fürst Pückler beginnt mit der Anlage seines Parks in Muskau.

ab 1846: Entstehung des Pücklerschen Parks Branitz.

Mitte 19. Jh.: Beginn des Braunkohleabbaus.

ab 1862: Fontanes „Wanderungen durch die Mark Brandenburg" machen die Region bekannt.

1936: Konrad Zuse aus Hoyerswerda entwickelt den ersten mechanischen Rechner als Vorläufer des Computers.

1945: Ende des Zweiten Weltkriegs und Besetzung durch die Rote Armee. Neiße und Oder werden zur deutsch-polnischen Grenze.

ab 1949: Die Lausitz entwickelt sich zum Kohle- und Energiezentrum der DDR.

ab 1950: Bau des EKO-Stahlwerks und von Eisenhüttenstadt (zuerst Stalinstadt) als Wohnstadt nach sozialistischen Prinzipien.

1973: Der künstliche Senftenberger See wird der Öffentlichkeit übergeben.

1990: Ende der DDR und Wiedervereinigung. Die Oberlausitz gehört größtenteils wieder zu Sachsen, die Niederlausitz zu Brandenburg.

1991: Der Spreewald wird Unesco-Biosphärenreservat.

1996: Die Oberlausitzer Heide- und Teichlandschaft wird Unesco-Biosphärenreservat.

2000–2010: Internationale Bauausstellung (IBA) Fürst-Pückler-Land.

2002: Eröffnung des Besucherbergwerks „F60".

2004: Der Muskauer Park wird Unesco-Weltkulturerbestätte.

2013: Senftenberg erhält einen Stadthafen. Eröffnung des Koschener Kanals im Lausitzer Seenland.

2015: Der Energieversorger Vattenfall kündigt an, seine Braunkohle-Förderung in der Lausitz zu verkaufen.

Reisezeit

Spreewald und Lausitz befinden sich unter kontinentalem klimatischen Einfluss. Im Vergleich zu anderen Regionen gilt sie als vergleichsweise niederschlagsarm mit langer Sonnenscheindauer – im Sommer gibt es teils längere regenfreie Perioden mit steigender Waldbrandgefahr. Dennoch herrschen innerhalb der Lausitz auch beträchtliche klimatische Unterschiede: Spreewald im Norden und Zittauer Gebirge im Süden weisen einen Höhenunterschied von 750 m auf, was sich auch in der Niederschlagsmenge bemerkbar macht (Zittauer Gebirge bis 900 mm, Spreewald 550 mm im Jahresdurchschnitt).

Die Hauptreisezeit für die Lausitz, insbesondere den Spreewald, sind Juli und Aug. – in den touristischen Zentren geht es dann trubelig zu. Jede Jahreszeit hat jedoch ihre Reize: April und Mai mit erwachender Natur und Blütenpracht, Juni bis Aug. mit hochsommerlichen Temperaturen und Badewetter. Und auch der Herbst mit seiner Laubfärbung bietet sich für Kahntouren durch den Spreewald oder Städtetouren in Nieder- und Oberlausitz an. Im Winter wird es ruhig in der Region. Anziehend bleibt es jedoch im Spreewald, wenn die Fließe zugefroren sind und zum Eislaufen einladen.

Sport

Angeln: Je nach Region und Gewässer kann man in Spreewald und Lausitz Hecht, Zander, Karpfen, Aal, Barsch, Schleie, gelegentlich auch Wels oder Maräne angeln. In der Oberlausitzer Teich- und Heidelandschaft gibt es sogar einen Besatz von mehr als 30 Fischarten. Auch das Lausitzer Seenland, insbesondere der Senftenberger See, eignet sich als Angelrevier (www. lausitzerseenland.de). Im Schlaubetal ist der Große Müllroser See als Angelgewässer bekannt. Angelteiche im Spreewald findet man unter www.spreewald-info.de. Informationen über Regeln und Gewässer bieten außerdem der Landesanglerverband Sachsen (www.landes anglerverband-sachsen.de) und der Landesanglerverband Brandenburg (www.landes angler verband-bdg.de).

Baden: Das Lausitzer Seenland wird nicht vor 2021 komplett fertiggestellt sein. Zum Senftenberger-, Knappen- und Silbersee mit ihren zahlreichen Bademöglichkeiten kommen weitere 20 Seen hinzu – insgesamt eine zusammenhängende Seenkette mit rund 7000 ha Wasserfläche im Kernbereich. Geierswalder See, Gräbendorfer See, Dreiweiberner See und Bärwalder See sind bereits in einzelnen Abschnitten zum Baden freigegeben; noch sind nicht alle Uferbereiche saniert und zum Teil noch abrutschgefährdet, den Hinweisschildern des Bergbausanierers LMBV ist daher unbedingt Folge zu leisten. Im Vorland des Zittauer Gebirges liegt der 60 ha große und zum Teil 40 m tiefe Olbersdorfer See; auch er entstand nach der Flutung des ehemaligen Braunkohletagebaues (Verleih von Wassersportgeräten; www. olbers dorfer-see.com). Der Große Müllroser

Tipp

Zum Weiterlesen

Die Krabat-Sage verarbeitet der sorbische Autor Jurij Brězan in seinem Roman **Krabat oder Die Verwandlung der Welt** (Suhrkamp Taschenbuch). Auch der Kinderbuchautor Otfried Preußler hat die sorbische **Krabat-Sage** spannend nacherzählt (Thienemann Verlag).
Interessante Einblicke in adlige Lebenswelten bieten **Briefwechsel und Tagebücher des Fürsten Hermann von Pückler-Muskau** (Europäischer Hochschulverlag).
Hermann von Pückler-Muskaus **Andeutungen über Landschaftsgärtnerei, verbunden mit der Beschreibung ihrer praktischen Anwendung in Muskau** sind eine gute Vorbereitung für den Besuch seiner Gärten (Inselverlag).
Brigitte Reimanns **Franziska Linkerhand** gilt als einer der bedeutendsten deutschen Nachkriegsromane und spielt teilweise im realsozialistischen Hoyerswerda (Aufbau Taschenbuch).
Sagen aus Heide und Spreewald sind im Domowina-Verlag erschienen.
Erwin Strittmatters autobiografischer **Der Laden** ist eine Romantrilogie um einen Krämerladen im Niederlausitzer Dorf Bossdom (tatsächlich Bohsdorf bei Spremberg; Aufbau Verlag).

See (Schlaubetal) wartet mit zwei Strandbädern auf.
Klettern: In den zum Oberlausitzer Hügelland gehörenden Königshainer Bergen kann an acht Gipfeln und zehn Massiven geklettert werden. Im Zittauer Gebirge finden Kletterer über 110 ausgewiesene Kletterfelsen aller Schwierigkeitsstufen. Hauptklettergebiete sind das Weißbachtal, das Gebiet um Oybin, der Oderwitzer Spitzberg (Klettergarten) und der Jonsdorfer Felsen. Es gelten die strengen sächsischen Kletterregeln, nach denen ohne Verwendung künstlicher Hilfsmittel „frei" geklettert wird; Seile, Schlingen, Karabiner und Ringe dürfen nur zur Sicherung benutzt werden (www.zit tauer-gebirge.com, http:// felsinfo.alpenverein.de).
Paddeln und Boot fahren: Paddeln ist im Lausitzer Seenland auf dem Knappen- und Silbersee möglich. Auch auf dem Senftenberger und Geierswalder See darf gerudert und gepaddelt werden. Im Laufe der Fertigstellung des Seenlandes wird es weitere Möglichkeiten zum Wasserwandern geben, da viele Seen durch Kanäle verbunden werden sollen. Ausleihmöglichkeiten und Angebote für geführte Kanutouren auf der Internetseite www.lausitzerseenland.de.
Besonders gut lässt sich der Spreewald auf seinen Fließen per Kanu- oder Paddeltour er-

kunden. Bootsverleihe befinden sich u. a. in Burg, Lübben, Lübbenau und Schlepzig (Verleiher und Tourenvorschläge auf www.spreewald-info.com). In Müllrose im Schlaubetal bietet die Marina am Kleinen Müllroser See (mit Zugang zum Oder-Spree-Kanal) den Verleih von Kajaks, Kanadiern, Ruderbooten etc. an. Der Kanuverleih Kahlisch am Oder-Spree-Kanal hat sich auf Kanus und Touren spezialisiert (www.schlaubetal-online.de).
Rad fahren: Die Nieder- und die Oberlausitz werden von gut ausgebauten und markierten Radwegen erschlossen – sowohl Fern- als auch Regionalradwege.
Der länderübergreifende, 510 km lange Rundweg Niederlausitzer Bergbautour führt vorbei an Braunkohle-Baggern, schwimmenden Häusern, dem Besucherbergwerk F 60 und dem Pücklerpark Branitz. Der 500 km lange und vom ADFC mit drei Sternen ausgezeichnete Fürst-Pückler-Radweg verbindet die Projekte der Internationalen Bauausstellung, geleitet zum Fürst-Pückler-Park Muskau und in das Lausitzer Seenland (www.fuerstpuecklerweg. de). Immer der radelnden Gurke nach führt der 250 km lange Gurkenradweg in Form einer Acht vorbei an Lübbenau, Cottbus, der Teichlandschaft von Peitz und Schlepzig durch den Spreewald (www.gurkenradweg.de).
Der 123 km lange Dahme-Radweg beginnt in Berlin-Köpenick und endet westlich von Luckau in Kolpien an der Dahmequelle (www. dahme-radweg.de). Der 270 km lange Elbe-Elster-Radweg führt zu Industriekultur und durch Natur (www.elbe-elster-land.de). Der Oder-Neiße-Radweg verläuft mit seinen 465 km von

Ueckermünde am Stettiner Haff nach Nová Ves nad Nisou in Tschechien – vorbei an Sehenswürdigkeiten wie Park Branitz, Kloster St. Mariental und Zittau (www.oder-neisse-radweg.de). Durch das Oberlausitzer Bergland ins Zittauer Gebirge führt der 100 km lange Radfernweg Sächsische Mittelgebirge. Die Städte Görlitz, Löbau, Bautzen und Kamenz kann man auf der 120 km langen Sächsischen Städteroute erradeln. Durch die Oberlausitzer Heide- und Teichlandschaft und das Lausitzer Seenland fährt man auf den 260 km des Froschradwegs. Radkarten und Informationen sind auf den Internetseiten www.radland.niederlausitz.de und www.radwandern-oberlausitz.de zu finden.
Segeln und Motorboot fahren: Ein Segelrevier mit umfassendem Service ist der Senftenberger See; sein Wassersportzentrum bietet Segelkurse und verfügt über einen Bootsverleih und Liegeplätze. Auch am Geierswalder und Bärwalder See gibt es Marinas mit Liegeplätzen, weitere sind in Planung. Sportbootschulen sind am Bärwalder, Geierswalder, Knappen- und Senftenberger See zu finden, am Geierswalder See außerdem eine Jetski- und Wasserskischule.
Surfen: Gute Windverhältnisse machen das Lausitzer Seenland auch für Surfer und Kite-Surfer interessant. Am Geierswalder und Senftenberger See gibt es Surfschulen (www. lausitzerseenland.de).
Tauchen: Das Lausitzer Seenland lässt sich auch unterhalb der Wasseroberfläche entdecken – zum Beispiel im Senftenberger und Halbendorfer See. Die Tauchschule am Gräbendor-

Wassersport kann sehr artistisch sein.

fer See befindet sich in einem schwimmenden Haus.

Wandern: Ein Netz von Wanderwegen durchzieht das Zittauer Gebirge – mit der Besonderheit des grenzüberschreitenden Wanderns, da das Gebirge Teil des größtenteils in Tschechien liegenden Lausitzer Gebirges ist. Der südliche Teil des Zittauer Jakobsweges (210 km) verläuft von Görlitz über Ostritz und das Kloster St. Marienthal nach Zittau und in Tschechien weiter nach Prag (www.zittauer-jakobsweg.de). Der 118 km lange Oberlausitzer Bergweg führt von Neukirch bei Bautzen im Oberlausitzer Bergland über das Zittauer Gebirge bis zur Stadt Zittau (www.oberlausitzer-bergweg.de). Die Oberlausitzer Heide- und Teichlandschaft und das Lausitzer Seenland laden ebenfalls zum Wandern ein (www.oberlausitz.com). Der Spreewald kann auf kurzen Routen, Tagestouren oder mehrtägigen Wanderungen entdeckt werden – die längste Strecke ist der 250 km lange Gurkenwanderweg (www.spreewald.de). Auch im Schlaubetal wandert man auf gut ausgeschilderten Wanderwegen (www.schlaubetal-online.de).

Wintersport: Das Zittauer Gebirge ermöglicht Skilanglauf, Alpin, Rodeln, Eislaufen und Skispringen. Skilifte, Skischulen und -verleihe sind in Jonsdorf, Waltersdorf und Oybin zu finden. In der Eissportarena Jonsdorf kann man von Aug. bis April Schlittschuhlaufen, Eisstockschießen oder Eishockey spielen. Skiwanderer haben die Wahl zwischen dem 19 km langen Skiwanderweg: Zittauer Gebirge und sieben kürzeren örtlichen Skiwanderwegen (www.zittauergebirge-info.de und www.zittauer-gebirge.com).

In Hörlitz bei Senftenberg befindet sich die Indoor-Skihalle Snowtropolis (www.snowtropolis.de; Mi.–So. 10.00–21.00 Uhr).

Unterkunft

Preiskategorien

....

€€€€	Doppelzimmer	über 150 €
€€€	Doppelzimmer	100–150 €
€€	Doppelzimmer	60–100 €
€	Doppelzimmer	bis 60 €

Hotels, Pensionen und Gasthöfe, Ferienwohnungen und Privatzimmer in großer Zahl werden auf den Internetseiten www.oberlausitz.com und www.niederlausitz.de aufgelistet.
Eine kleine Auswahl von Unterkünften wird auf den Info-Seiten dieses DuMont Bildatlas vorgestellt.

Camping: Es gibt zahlreiche Campingmöglichkeiten. Insbesondere an Seen sind Naturcampingplätze, familienfreundliche Anlagen und komfortable Fünf-Sterne-Anlagen zu finden. Auf der Internetseite www.oberlausitz-erleben.de werden die 18 größten Campingplätze der Region vorgestellt. Die Marketinggesellschaft Oberlausitz-Niederschlesien führt ein Verzeichnis von Campingplätzen und Gastgebern der Region (www.oberlausitz.com). Die Internetseite www.niederlausitz.de bietet den Katalog Gastgeberverzeichnis Niederlausitz mit Hinweisen auf Campingmöglichkeiten in Niederlausitz und Spreewald, weitere unter www.campingland-brandenburg.de und www.spreewald-info.com.
Im Spreewald wie auch in der Lausitz stehen dazu zahlreiche Wohnmobilstellplätze zur Verfügung.

Jugendherbergen: Stimmungsvolle Jugendherbergen sind in Cottbus in einem mittelalterliche Fachwerkbau (www.jh-cottbus.de) und in Bautzen im 500 Jahre alten Wehrturm Gerberbastei untergebracht (www.bautzen.jugendherberge.de), eine moderne Jugendherberge mitten in der Görlitzer Altstadt. Außerdem gibt es Jugendherbergen in Burg, Jonsdorf, Lübben, Oderwitz und Waltersdorf. Informationen bietet der DJH Service, Bismarckstraße 8, 32756 Detmold, Tel. 05231 7 40 10, www.jugendherberge.de.

Das Besucherbergwerk F60 bei Finsterwalde, eine monumentale Abraumförderbrücke, gehört zu Brandenburgs großen Sehenswürdigkeiten.

Register

Impressum

3. Auflage 2016
© DuMont Reiseverlag, Ostfildern

Verlag: DuMont Reiseverlag, Postfach 3151, 73751 Ostfildern, Tel. 0711/4502-0,
Fax 0711/4502-135, www.dumontreise.de
Geschäftsführer: Dr. Thomas Brinkmann, Dr. Stephanie Mair-Huydts
Programmleitung: Birgit Borowski
Redaktion: Dorothee Kern
Text: Oliver Gerhard (auch Aktualisierung 2016), Berlin, und Susanne Sigmund
Exklusiv-Fotografie: Isabel und Steffen Synnatschke
Titelbild: Kanufahrt im Spreewald (laif/Bernd Jonkmanns)
Zusätzliches Bildmaterial: Energiefabrik Knappenrode (http://web.
saechsisches-industriemuseum.com/knappenrode.html, S.52 l.), Mario Frost (S.
111 o.l.), huber-images.de/Damm Friedmar (S. 114 u.), huber-images.de/Dörr C.
(S. 22), huber-images.de/Krammisch (S. 113 l.), iStock/senorcampesino (S. 110
l.), laif/Jonkmanns (S. 96), laif/Kirchner (S. 110 r.), laif/Lengler (S. 118 l.), laif/Zahn
(S. 53 l.o.), look-foto/Darshana Borges JS (S. 93 r.o.), mauritius images/Alamy (S.
53 o.r., 73 l., 74 o.l.), mauritius images/Jule Leibnitz (S. 8/9), mauritius images/
Novarc (S. 39 o.r.), mauritius images/Tetra Images (S. 18/19), mauritius images/
imageBROKER/Bahnmueller (S. 74 o.r.), mauritius images/imageBROKER/Bernhard
Claßen (S. 73 u.r.), mauritius images/imageBROKER/G_Hanke (S. 114 o., 117),
mauritius images/imageBROKER/Kevin Prönnecke (S. 55 o.r., 55 u.r.), mauritius
images/imageBROKER/Karl-Heinz Spremberg (S. 52 r.), Naturwacht Brandenburg
(S. 21 r.), Naturwacht Bildarchiv/Martin Kirchner (S. 40 l., 53 u.r.), picture-alliance/
dpa/Patrick Pleul (S. 20 r.), picture alliance/ZB/Andreas Franke (S. 21 o.r.),
picture-alliance/ZB/Matthias Hiekel (S. 93 r.u.), Spreewelten Bad Lübbenau (S. 20
l.), www.luebbenau-spreewald.com (S. 111 o.r.), www.spreewald-info.de (S. 21
o.l.), www.tropical-islands.de (S. 37 o.r.)

Grafische Konzeption, Art Direktion: fpm factor product münchen
Cover Gestaltung: Neue Gestaltung, Berlin
Layout: CYCLUS · Visuelle Kommunikation, Stuttgart
Kartografie: © MAIRDUMONT GmbH & Co. KG, Ostfildern
Kartografie Lawall (Karten für „Unsere Favoriten")
DuMont Bildarchiv: Marco-Polo-Straße 1, 73760 Ostfildern, Tel. 0711/4502-266,
Fax 0711/4502-1006, bildarchiv@mairdumont.com

Für die Richtigkeit der in diesem DuMont Bildatlas angegebenen Daten –
Adressen, Öffnungszeiten, Telefonnummern usw. – kann der Verlag keine
Garantie übernehmen. Nachdruck, auch auszugsweise, nur mit vorheriger
Genehmigung des Verlages. Erscheinungsweise: monatlich.

Anzeigenvermarktung: MAIRDUMONT MEDIA, Tel. 0711/4502333,
Fax 0711/4502012, media@mairdumont.com, http://media.mairdumont.com
Vertrieb Zeitschriftenhandel: PARTNER Medienservices GmbH, Postfach
810420, 70521 Stuttgart, Tel. 0711/7252-212, Fax 0711/7252-320
Vertrieb Abonnement: Leserservice DuMont Bildatlas,
Zenit Pressevertrieb GmbH, Postfach 810640, 70523 Stuttgart,
Tel. 0711/7252-265, Fax 0711/7252-333,
dumontreise@zenit-presse.de
Vertrieb Buchhandel und Einzelhefte: MAIRDUMONT
GmbH & Co KG, Marco-Polo-Straße 1, 73760 Ostfildern,
Tel. 0711/4502-0, Fax 0711/4502-340
Reproduktionen: PPP Pre Print Partner
GmbH & Co. KG, Köln
Druck und buchbinderische Verarbeitung:
NEEF + STUMME premium printing GmbH & Co. KG, Wittingen,
Printed in Germany

FSC
www.fsc.org
MIX
Papier aus ver-
antwortungsvollen
Quellen
FSC® C001857

Lieferbare Ausgaben

In Wiesbaden versteht man zu leben und zu genießen – ein Schwatz am Abend gehört unbedingt dazu.

Es gibt sie selbst auf Mallorca, einsame Buchten, in denen man die herrliche Natur (fast) für sich allein hat.

Wiesbaden
Rheingau

Stadt der Superlative
Technik, Architektur, Sport und Kultur oder auch Kulinarisches, nahezu in jedem Bereich hat Wiesbaden Außergewöhnliches zu bieten – lassen Sie sich überraschen ...

Picknick und Kunsterlebnis
Die Winzer im Rheingau offerieren weit mehr als nur gute Weine.

Ungewöhnliche Domizile
Wie wäre es mit einer Übernachtung im Weinfass, in einem alten Bahnhof oder doch lieber in einem historischen Luxushotel?

Mallorca

Vamos a la Playa
Die Partystrände von Palma und S'Arenal sind nicht jedermanns Sache. Aber es gibt tolle Strandalternativen von karibisch-paradiesisch bis wild-romantisch.

Natur pur
Mallorca ist ein Paradies für Wanderer und Radler. Folgen Sie unseren Tourenvorschlägen auf der Lieblingsinsel der Deutschen.

Essen mit Aussicht
Frischer Fisch, ein Glas Wein und Meerblick, die Lieblingsadressen unseres Autors.

www.dumontreise.de